FRANCESCO BALBI DA CORREGGIO
a cura di Andrea Lombardi

IL GRANDE ASSEDIO DI MALTA
SOLIMANO IL MAGNIFICO CONTRO I CAVALIERI DI MALTA, 1565

SPS 005

AUTORE:

Francesco Balbi nacque a Correggio nel 1505 e morì nel 1589. Balbi fu un tipico esponente di quella classe di gentiluomini d'arme e di penna tra i quali spiccano alcune delle più caratteristiche figure del Cinquecento. La sua vita fu un seguito di viaggi e di imprese guerresche interrotte da più o meno lunghe parentesi di ozi mondani e letterari dedicati alla poesia in lingua castigliana. Nel 1565 partecipò alla difesa di Malta contro la flotta inviata da Solimano II, combattendo sotto le insegne di Ottavio Gonzaga. Di questa impresa il Balbi ci ha lasciato una narrazione nella celebrativa Verdadera relacion de lo que en el año 1565 ha sucedito en la isla de Malta, de antes que llegase la armada sobre de ella de Soliman Gran Turco, Barcellona 1568.

Andrea Lombardi nato nel 1973, ha lavorato presso la prima Casa d'aste italiana specializzata in armi antiche, faleristica e militaria. Appassionato di storia militare e letteratura francese del 1900, colleziona uniformi dei reparti corazzati tedeschi della seconda guerra mondiale e dal 2005 va a zonzo per il Mediterraneo. È dal 2003 presidente dell'Associazione Culturale ITALIA, e artefice del primo sito internet italiano sullo scrittore Louis-Ferdinand Céline.

NOTE AI LETTORI - PUBLISHING NOTE

Tutto il contenuto dei nostri libri, in qualsiasi forma prodotti (cartacei, elettronici o altro) è copyright Soldiershop.com. I diritti di traduzione, riproduzione, memorizzazione con qualsiasi mezzo, digitale, fotografico, fotocopie ecc. sono riservati per tutti i Paesi. Nessuna delle immagini presenti nei nostri libri può essere riprodotta senza il permesso scritto di Soldiershop.com. L'Editore rimane a disposizione degli eventuali aventi diritto per tutte le fonti iconografiche dubbie o non identificate. I marchi Soldiershop Publishing ©, e i nomi delle nostre collane - Soldiers&Weapons, Battlefield e War in Colour sono di proprietà di Soldiershop.com; di conseguenza qualsiasi uso esterno non è consentito.

None of images or text of our book may be reproduced in any format without the expressed written permission of Soldiershop.com. The publisher remains to disposition of the possible having right for all the doubtful sources images or not identifies. Our trademark: Soldiershop Publishing ©, The names of our series: Soldiers&Weapons, Battlefield, War in colour, PaperSoldiers, Soldiershop e-book etc. are herein © by Soldiershop.com.

LICENSES COMMONS

This book may utilize part of material marked with license creative commons 3.0 or 4.0 (CC BY 4.0), (CC BY-ND 4.0), (CC BY-SA 4.0) or (CC0 1.0). We give appropriate attribution credit and indicate if change were made in the acknowledgements field. All our Soldiershop books utilize only fonts licensed under the SIL Open Font License or other free use license.

ACKNOWLEDGEMENTS

A Special Thanks to Riikmuseum of Amsterdam for the great part of the images used in this Book, and at all the several institution, museum, library, bibliotecks, public or private collection & athenaeums that with their positive copyright policy about part of his collections, allows us the use of many images present in our books. We remember same of this great World Institutions: New York Public Library, Rara CH, Heidelberg Biblioteck University, US Library of Congress, Riikmuseum of Amsterdam, Dusseldorf University Library, Polona Library, Herzog August Bibliothek of Wolfenbüttel, Stuttgart Bibliothek, Frankfurt am Main Universitätsbibliothek, Metropolitan Museum, Europeana, Wikipedia, and many others...

ISBN: 9788893272681   2nd edition Luglio 2017

Title: - IL GRANDE ASSEDIO DI MALTA - SOLIMANO IL MAGNIFICO CONTRO I CAVALIERI DI MALTA, 1565 **(SPS-005)** by Francesco Balbi da Correggio - curato da Andrea Lombardi. Tavole a colori curate da Luca Cristini. Editor: Soldiershop publishing - Prima edizione a cura di Italia Storica (Genova). Cover & Art Design: Luca S. Cristini.

Cover: L'arrivo dei turchi a Malta Affresco di Matteo Perez d'Alezio, 1547-1614.

▲ Ritratto di Solimano il Magnifico. Incisione di Pieter van der Heyden, c. 1540 - 1566. Riikmuseum Amsterdam.
◀ Nel frontespizio ritratto del Grand Maestro dei cavalieri ospitalieri Jean Parisot de La Valette.

IL GRANDE ASSEDIO DI MALTA
SOLIMANO IL MAGNIFICO CONTRO I CAVALIERI DI MALTA, 1565

INDICE:

Premessa	Pag. 5
La veritiera relazione sull'assedio dell'isola di Malta..........	Pag. 7
L'arrivo dei Turchi a Malta	Pag. 19
21 maggio 1565 L'arrivo dell'armata turca a Marsascirocco ..	Pag. 21
8 settembre 1565, la ritirata dell'armata turca	Pag. 91
Le fortificazioni di Malta	Pag. 98
Glossario	Pag. 100

Questo libro è dedicato ai poeti erranti, ai soldati senza un nome, e ai marinai in bottiglia da me conosciuti navigando.

Dedicato anche a Ernle Bradford, conoscitore e divulgatore della storia di Malta e del mediterraneo (1922-1986)

▲ I cavalieri di Malta che in ridotto numero rispetto agli avversari turchi resistettero mesi dietro le loro fortezze.

PREMESSA

FRANCESCO BALBI DA CORREGGIO,
poeta errante e archibugiere

Avventurosa è stata la vita di Francesco Balbi da Correggio, autore di questo diario dell'assedio di Malta, sola testimonianza diretta di uno dei difensori giunta sino a noi. Nato a Correggio, in Emilia, nel 1505, Francesco era un "poeta errante, il quale scrisse in italiano e spagnolo, sempre perseguitato dalla fortuna e dagli uomini [...] citato favorevolmente dal celebre Tiraboschi e dallo storico Colleoni", come da un'annotazione trovata da Sir Harry Luke nel registro parrocchiale del paese emiliano. Francesco si arruolò quale semplice archibugiere nelle truppe spagnole alla non più giovane età di 64 anni, quasi sicuramente per sottrarsi alle ristrettezze economiche, e con tale compito partecipò alla difesa di Malta nel 1565, lasciando poi alla posterità questo suo interessante diario. La cronaca del Grande Assedio lasciata dal Balbi si concentra solo sugli aspetti militari, dei quali dà puntuale testimonianza, non toccando, intenzionalmente, gli aspetti diplomatici e politici della Campagna. Gli atti di coraggio dei cavalieri e dei fanti cristiani sono ovviamente messi in risalto dall'autore, e minuziosamente elencati; ma il lettore troverà anche diversi riconoscimenti al valore degli assedianti ottomani: citazioni tanto più notevoli viste le circostanze drammatiche dei durissimi combattimenti, da subito senza quartiere e prolungatisi per quattro lunghi mesi, che lasciarono ben poco spazio alla pietà e al rispetto per l'avversario. Ovviamente Balbi, come molti altri commentatori suoi contemporanei, intepretò l'assedio come un momento epocale, un avvenimento arginante l'espansione musulmana; in realtà, la fallita conquista di Malta (1565) e di Vienna (1529), come Lepanto (1571), furono, per l'Impero Ottomano, soltanto delle battaglie perdute – per quanto importanti e sanguinose – fra le molte combattute durante campagne decennali, più che dei veri punti di svolta. L'equivoco è talvolta mantenuto ancor oggi, anche se principalmente dai fautori dello "scontro di civiltà", ai quali più che la complessità della storia, interessano gli slogan: a costoro ricorderemo come i cristianissimi francesi non disdegnarono di allearsi con i miscredenti ottomani nel 1542, per combattere gli ancor più cristianissimi spagnoli di Carlo V...

Tornando all'importanza di Malta nella strategia dei sultani, è evidente come per l'impero ottomano la via naturale d'espansione verso l'Europa meridionale e dell'est fossero semmai i Balcani; solo dopo la battaglia di Vienna nel 1683 la spinta espansionistica turca cessò finalmente; più di un secolo era passato dal Grande Assedio di Malta, a testimonianza dell'importanza alla fine limitata di questa sconfitta per la Sublime Porta. L'attacco a Malta rappresentò più che altro una risposta in grande stile agli incessanti attacchi corsari delle navi dell'Ordine contro il naviglio turco, scorrerie fruttanti ai Cavalieri anche denaro e schiavi, anche se ovviamente l'isola, una volta in mano turca, poteva essere una base di partenza per sbarcare in Sicilia e nel sud Italia. Per ultimo, è interessante notare come, prima e durante l'assedio, buona parte della nobiltà maltese, di origine siciliana e aragonese, tollerasse a stento i cavalieri gerosolimitani (tale insofferenza era diffusa anche tra i nobili europei, circostanza che rischiò di fare abortire la spedizione di soccorso verso Malta), e che la comunione d'intenti e l'efficienza militare dimostrata sul campo dai coraggiosi Cavalieri resse solo sino alla partenza dell'ultimo giannizzero, riprendendo subito dopo i contrasti e le gelosie tra i membri dell'Ordine, tenuti con difficoltà a freno dal grande La Valette e dai suoi successori. Scritto in spagnolo, il diario ebbe due edizioni, nel 1567 ad Alcala de Henares e nel 1568 a Barcellona; quest'edizione fu riveduta in qualche punto dall'autore stesso, tenendo conto delle indicazioni ricevute da altri partecipanti alla battaglia. Francesco Balbi morì nel 1589, all'età di 84 anni: poeta errante, archibugiere e narratore della più vivida e fattuale cronaca di una delle battaglie più famose della storia: tuttora ristampata in diverse lingue, mancava da tempo una edizione in italiano, circostanza paradossale vista non solo la celebrità dell'assedio, ma anche gli stretti legami con le vicissitudini storiche dell'Italia e più in generale della storia d'Europa e del bacino mediterraneo di quel periodo. Speriamo quindi con questa nostra pubblicazione di porre rimedio a tale menda, completando inoltre il testo originale del Balbi con una serie di illustrazioni e appendici.

Questa nuova edizione si avvale di una ricca e inedita iconografia di pregio intesa a valorizzare l'alto valore storico del racconto/testimonianza eccezionale di Francesco Balbi.

Andrea Lombardi

▲ L'assedio di Malta, tavola di Ignazio Danti, XVI secolo, eseguita su commissione di Papa Gregorio XIII. E 'oggi visibile nella galleria delle mappe dai Musei Vaticani. Il dipinto mostra per intero il teatro di operazioni militari avvenute durante l'assedio di Malta del 1565. Proprio nel centro appare la penisola formata dalla collina Xiberras, occupata dall'artiglieria turca, con i Cavalieri dell'Ordine di Malta che ancora resistono nel Forte St. Elmo. Sulla destra del golfo, si può vedere in alto la città murata di Birgu (Borgo) con il forte S. Angelo (con una grande bandiera dell'Ordine), assediato da tutti i lati, tranne che da Senglea e San Michele. Alcuni pontoni collegano le due città. Anche Senglea è posta sotto pesante attacco e come tutte le postazioni difensive dei cavalieri si trovano in una situazione Veramente. Per contro il golfo a sinistra di Xiberras protegge efficacemente la flotta turca. In basso a sinistra, un riquadro mostra la mappa di La Valettea con il ricostruito Forte sant'Elmo - qui ancora chiamata Melita, nome latino di Malta.

LA VERITIERA RELAZIONE SULL'ASSEDIO DELL'ISOLA DI MALTA

E' stata volontà di Nostro Signore Iddio che in quest'anno 1565, sotto il buon governo del valoroso e pio Gran Maestro Jean de la Valette, l'isola di Malta fosse attaccata con grandi forze dal Sultano Solimano, il quale si sentiva oltraggiato per il grave danno a lui causato, per terra e per mare, dalle Galere dell'Ordine.

Ciò che maggiormente lo amareggiava era il fatto che tutte le imprese contro i propri domini africani, mosse dal potente Re di Spagna Filippo e da suo padre, l'invitto Imperatore Carlo V, fossero coronate da successo, e che sempre le Galere della Religione vi avevano partecipato: a Tunisi, ad Algeri, alla presa d'Africa, alle Gerbe di Tripoli e al Penon. Nè i Cavalieri di San Giovanni si erano mostrati paghi di queste vittorie: avevano tentato perfino la conquista dei possedimenti turchi nell'Arcipelago, come Modione e l'Isola di Malvasìa. Queste ragioni devono essere apparse ben gravi per spingere il Gran Turco alla spedizione di quest'anno; ma a Malta si crede che ve ne fossero delle altre. Per non ripetermi, desidero esporle con le parole stesse usate da un Cavaliere greco, il quale, per ordine del Gran Maestro, trovavasi a Costantinopoli, quando la flotta turca era in armamento. Il Cavaliere, grazie alla sua abilità negli intrighi e alla conoscenza della lingua, riuscì a penetrare, a rischio della vita, fin nella sala ove i principali Pascià si erano riuniti.

Riferì, dunque, che aveva saputo essere il Sultano esasperato contro la Religione di San Giovanni, specialmente perchè, subito dopo l'elezione di Jean de la Valette, che avvenne nell'anno 1517, si era tentato di strappare dal suo potere l'Isola di Malvasìa, importantissima isola fortificata dell'Arcipelago. Il Gran Maestro, sempre intento a fare tutto il possibile per recar danno a sì potente nemico della Santa Fede e della Religione, fu indotto a credere che, con pochi uomini e poco danno, egli avrebbe potuto conquistare l'isola. L'Isola di Malvasìa era passata sotto il potere del Turco soltanto da qualche anno, più per il tradimento di alcuni Ministri della Serenissima Repubblica Veneta, che per il valore e la potenza dei Turchi. Il Gran Maestro studiò l'impresa con grande diligenza ed allestì due galere, una galeotta e tre fregate, che i Consiglieri avevano assicurato essere sufficienti. Il Gran Turco, venuto a conoscenza della spedizione, fu tanto contrariato come se avesse già perduta l'isola e l'odio per la Religione si aggiunse all'odio. Ma risentì ancor di più l'affronto che riteneva fosse stato a lui fatto, quando seppe che Fra' Mathurin de Lescout de Romégas, Capitano delle due Galere del Gran Maestro, aveva catturato nelle acque di Alessandria una nave diretta alla Mecca, che trasportava una dama di alto lignaggio presa prigioniera. Alcuni dicevano che fosse la zia di Alì, Pascià Maggiore, altri, invece, la nutrice della Sultana, figlia prediletta del Gran Turco; comunque sia, queste due dame influenti insistevano continuamente presso il Sultano perché affrettasse la distruzione di Malta. Il nome della dama era Giansever, ed era più che centenaria al momento della sua cattura.

Ad aggravare la situazione, lo stesso Romégas, di lì a pochi giorni, catturò un'altra nave nelle stesse acque, a bordo della quale vi era un Sanjaz-Bey di Alessandria, Viceré di una provincia e personaggio molto importante, che era stato convocato dal Sultano a Costantinopoli. Nell'anno 1564 le cinque Galere della Religione, comandate dal Cavaliere francese Fra' Pierre de Giou, insieme con le due Galere del Gran Maestro, sotto il comando di Romégas, catturarono una nave appartenente a Capi Aga, Capitano e Maestro della Porta di Palazzo del Sultano e suo Consigliere privato. Era una grande nave di 3500 salme ed era diretta a Venezia scortata da 20 galere. Quando incontrò le sette Galere di San Giovanni, si accese un aspro combattimento, con gravi perdite da ambo le parti; ma la nave fu catturata e portata a Malta. Il suo prezzo fu valutato a più di 80.000 ducati: era carica di sete orientali, di rame e di altre merci preziose. Si può facilmente immaginare il rancore e l'odio che si accese nella Corte del Turco per la perdita di una nave sì grande e di tanto valore. Si diceva che Rossellana, moglie favorita del Sultano, non cessasse dall'incitare lo sposo e dall'insistere sugli Ulema, perchè gli ponessero come caso di coscienza, la totale distruzione di Malta, in quanto le navi della Religione ostacolavano i pellegrinaggi alla tomba del Profeta.

Alla sua morte Rossellana lasciò una forte somma di denaro destinata alla spedizione santa contro Malta e come voto per il riposo della sua anima. A Costantinopoli, intanto, giunse notizia che Don Garcia de Toledo, Generale al servizio del Cattolico Re Filippo, aveva conquistato il Penon de Velez de la Gomera, piazzaforte che era sempre stata una spina nel fianco dei Cristiani. Hassan, Pascià di Algeri, e Dragut di Tripoli, poi, supplicavano il Sultano perché si occupasse delle cose di Barberia, dove il pericolo era grande: il Re di Spagna aveva ancora troppe galere armate, come se non avesse subito alcun danno alle Gerbe. Due lettere, nel frattempo, giunsero al Sultano: una scritta dal San-jaz-Bey sopra menzionato e l'altra dagli schiavi che si trovavano in Malta: riferivano sulle gravi perdite causate dalle Galere di San Giovanni alle navi turchesche su tutti i mari, del gran numero dei sudditi del Sultano che erano in schiavitù a Malta, e tra questi la dama centenaria, ed imploravano la morte, sempre preferibile alla vita che essi erano costretti a condurre. E non mancavano di esprimere l'alta meraviglia, perchè un Imperatore, senza eguali sulla terra, potesse sopportare che un'isoletta non ancora forte, ma che poteva diventar pericolosa, osasse così temerariamente causare sì grave danno a lui, il Conquistatore e il Dominatore di tante nazioni. In conclusione chiedevano, prostrati a terra, di aver pietà dei suoi vassalli ridotti in tanta angoscia. Pochi giorni dopo aver letto le due lettere, il Sultano convocò i Consiglieri. Si riunirono in divano, per studiare la spedizione di Malta, i Pascià: Alì Gran Visir, Maometto, Hiferat, Hiperta, Mahamut, Mustafà, Pialì e Daut. Oltre a questi, presero parte al Divano: Gazi-il-Askair, Capi Aga e Janiscaz Aga. Il Sultano ordinò che le lettere giunte da Malta fossero lette all'Assemblea. Tutti i presenti furono mossi a pietà; il più commosso era Capi Aga, che fra l'altro aveva ricevuto il maggiore danno dalle Galere di San Giovanni, in quanto aveva l'appalto di tutti i rifornimenti per la flotta.

Per eccitare il Sultano e renderlo ancor più deciso alla conquista e distruzione di Malta, Capi Aga, con aspro accanimento, così parlò: "Invincibile e potentissimo Signore, per la nostra santa fede e per la Vostra gloria distruggete questa piccola isola, il cui nome mi vergogno di nominare. Sono dolente che sia necessario usare la Vostra invincibile flotta e il Vostro glorioso esercito, contro un obiettivo tanto trascurabile, solo perché nessuno si è ancora occupato di distruggere questa insignificante e maledetta isola. Noi Turchi, che viviamo sotto la protezione dell'invitta Casa Ottomana, non siamo forse i discendenti di quelli che la servirono in passato, e che presero l'intera Siria ai Cristiani? I nostri predecessori sotto le bandiere dei Vostri Avi, sottomisero anche il superbo Impero di Trebisonda, e ai tempi nostri, Vostra Maestà ha umiliato il potente Re d'Ungheria, il quale pagò con il regno e con la vita la sua temerarietà. Il popolo dell'Isola, di cui stiamo parlando, dovrebbe avere buone ragioni di conoscere la tremenda forza di Vostra Maestà, specie dopo l'assedio e la presa di Rodi, che era assai più forte e meglio munita di quanto Malta possa, al presente, esserlo. Imploro umilmente Vostra Maestà di aver compassione del suo popolo e di punire senza pietà questi portatori di croce, che hanno mostrato di non sentire gratitudine per la clemenza che loro accordaste in tante occasioni. Che la Vostra regale volontà sia compiuta, tanto per omaggio alla Vostra fama, quanto per umiliare questi monaci. Che la Vostra forza sia tale da riportare la vittoria e da abbassare così la loro superbia, per aver osato resistere per sei mesi al potente attacco su Rodi che la Maestà Vostra si degnò guidare di persona". Così Capi Aga concluse il suo dire, che piacque al Sultano e al Consiglio. La risoluzione di dare inizio all'impresa fu di nuovo confermata e furono assegnati i singoli comandi. Dopo aver udito il parere del Consiglio, il Sultano mandò a chiamare Pialì Pascià, suo Generale del Mare, e gli ordinò di armare senza indugio tutte le navi sia nuove sia vecchie, di costruirne tante quante egli riteneva necessarie, di radunare tutti gli uomini di mare esperti, di occuparsi del vettovagliamento e di quanto altro fosse richiesto per l'armata. Pialì non perse tempo per chiamare a rapporto i Capitani di Fanale e tutti gli ufficiali della flotta, ai quali comunicò gli ordini del Gran Signore e comandò loro, sotto peena d'incorrere nella sua disgrazia, di approntare la spedizione con la massima rapidità. Mandò gli Chahuzes, che sono come gli Agozzini, in Grecia, in Anatolia e in Morea e altrove, perché dessero ordini alle genti da remo. Inviò carpentieri nelle provincie del Mar Nero, dove il legno è abbondante, e fece da loro costruire venti nuove galere. Dati gli ordini, Pialì pose mano ai lavori con indefessa alacrità, ed ogni sorta di navi e vecchie e nuove furono riparate e armate. Il Gran Signore aveva già ordinato per questa impresa la fusione di tre pezzi di artiglieria pesante. Un pezzo era un Basilisco del peso di 180 quintali, che sparava palle da un quintale; gli altri due eran mortai del peso di 130 quintali e tiravano palle di ferro di 80 libbre di peso. V'erano, poi, già pronti, altri quattro mortai del peso di 110 quintali con palle di ferro colato da 70 libbre. Cassoni molto forti, e ruote cerchiate ed assali di ferro, furono costruiti apposta per questa artiglieria, di cui il pezzo più piccolo sparava palle da 55 libbre. Seimila Giannizzeri scelti furono addestrati per la spedizione; uno di loro fu nominato al comando, in luogo dell'Aga Generale, che non s'allontana mai dalla persona del Gran Signore. Furono mandati ordini in Grecia, in Anatolia, in Carmania e in Morea per l'arruolamento di tutti gli uomini atti al combattimento. Mustafà Pascià, generale di grande esperienza che aveva avuto il comando duante la guerra d'Ungheria, fu scelto come Capitano Generale delle Forze di Terra con il titolo di Serraschiere. Ultimati i preparativi, il Sultano convocò i due Pascià, Mustafà

▲ 18 maggio 1565 - L'attacco dei Turchi a Malta, Incisione di Antonio Francesco Lucini, 1665 - Riikmuseum Amsterdam.

e Pialì, e disse loro: "Valorosi miei Capitani, ciò che sto per dirvi non è dovuto a mancanza di fiducia in voi. Ma è in gioco, il mio onore e la mia reputazione, per cui voi avete combattuto e vinto sotto il mio stendardo. Vi ho convocati perchè udiate dalle mie stesse labbra il mio volere: è ardente mio desiderio che mi conquistate l'isola di Malta: questa spedizione non è fine a se stessa, ma, se coronata da successo, sarà l'inizio di più grandi imprese. Tanto vivo è il mio desiderio che ho richiamato Mustafà dall'Ungheria, dove la sua presenza era di grande utilità, perchè possa compiere questa impresa. Ho ordinato a tutti coloro che sono al mio servizio di imbarcarsi per questa spedizione, non perché io giudichi necessario di mandare tanta forza contro un obiettivo così modesto, ma per le altre ragioni che vi esporrò. Due Capi ho scelto per questa spedizione, perchè voglio che uno vinca in terra e l'altro mi assicuri la vittoria sul mare. Non credo che i Maltesi possano essere capaci di procurar danno ma voi sarete molto vicino alla Sicilia e a Napoli, regni del Re di Spagna, e la vostra impresa può essere disturbata da concontrattacchi che potreste subire, proprio quando sarete più impegnati nell'assedio. Per questo io mando entrambi, e mentre l'uno assoggetterà l'Isola, l'altro garantirà la libertà dei mari. Dò a ciascuno di voi ampi poteri per raggiungere la vittoria e vi chiedo di fare ogni sforzo per assicurare il successo. Poiché, se voi lo otterrete, noi porteremo a termine la conquista delle Calabrie che mio padre anelava ed aveva già bene iniziata con la presa di Otranto, piazzaforte tanto importante. La conquista di Malta potrà procurarci gloria e ricchezze, e potremo correre i mari di Occidente a nostra grandezza e a danno del nemico. Sarà poi facile prendere la Sicilia, fertile granaio dei Romani, che un tempo eran padroni di quanto, grazie a Dio onnipotente e ai meriti del grande nostro Profeta Maometto, è ora in nostro possesso. Porteremo la guerra in Italia e in Ungheria, fino a che l'Impero di Alemagna sara da noi conquistato. Estenderemo così il nostro dominio sino ai limiti del mondo conosciuto, e i vostri nomi diverranno immortali. Mando in questa spedizione metà dei miei figli, i Giannizzeri: essi contribuiranno grandemente al successo che io agogno; per questi io mi privo di loro, che sono la mia Guardia

▲ Galea turca. Incisione di Abraham Casembroot, 1603 - 1658 - Riikmuseum Amsterdam.

del Corpo. Ho fatto diffondere la voce che voi non andate solo contro Malta, ma contro l'Italia intera, in modo da tenere il nemico in uno stato di incertezza, che causerà la divisione delle sue forze. Vi comando, se non vorrete perdere la mia benevolenza, di agire sempre di perfetto accordo al mio servizio; chè, se questo non fosse, i nostri sforzi risulterebbero vani". Quando il Sultano finì di parlare, i due Pascià si inchinarono in segno di ubbidienza e di umiltà, e senza far motto, come è uso, presero congedo. Fu ordinato di fare grandi provviste di balle di lana, gomene, tende e vele, tutto da servire per fare parapetti, trincee e riempire fossati, perchè a Malta non si sarebbe trovato materiale adatto, e vi era pochissima terra. Fu dato ordine di preparare forti quantità di polvere e proiettili d'ogni sorta, piombo, micce, spade, pali, zappe, picconi, sbarre di ferro e legname. Fu ispezionata l'artiglieria, i quattro cannoni rinforzati e i quattro Basilischi enormi e potentissimi. Furono allestite venti grandi navi e si caricarono 100.000 palle di ferro e gran quantità di pelli di pecora, da servire come otri per l'acqua e per far ripari. I barili di polvere, caricati sulle navi, ne contenevano 15.000 quintali. Centinaia di casse e di ruote per cannoni completarono il carico. Nove larghe maone di 25 sedili per banda, furono allestite per la spedizione, e su una di esse, con gran fatica, fu piazzato il Basilisco più grande con tutte le munizioni occorrenti. Mentre le galere erano tutte in armamento, il Sultano mandò ordine a Dragut, a Tripoli, di prepararsi per prendere parte alla spedizione. Lo stesso ordine fu mandato ad Hassan, Re di Algeri, con l'istruzione di avvisare tutti i Corsari dell'Occidente. Ed infine furono varate tutte le galere vecchie e nuove; una bastarda di 32 banchi fu destinata al Grande Ammiraglio Pialì, e un'altra di 28 al Serraschiere Mustafà. L'allestimento fu portato a termine tanto rapidamente che la flotta per la fine di febbraio del 1565 era pronta. Si attendevano soltanto le galere in costruzione nel Mar Nero, e la gente da remo non ancora giunta a causa della distanza. Il Sultano aveva nel suo Serraglio una galera per lui costruita, che aveva soltanto 26 banchi, ma era ornata assai riccamente. Ordinò che anche questa galera partecipasse alla spedizione. Quando fu messa in mare, grande fu la gioia in Costantinopoli e in tutta la flotta. Dalì So-limano, uomo di mare che aveva combattuto con il Barbarossa, fu posto al comando della galera. Arrivarono dal Mar Nero soltanto tredici galere e una galeotta, data la brevità del tempo concesso. Con l'arrivo di queste navi e della gente da remo, l'intera flotta era pronta a salpare. Mustafà ebbe lo stendardo e la spada di Serraschiere e la flotta si radunò alle Sette Torri. Il 22 marzo le navi grosse e le maone furono ai Castelli dello Stretto; da qui l'armata salpò per la grande avventura, tra il suono delle trombe e le salve dei cannoni. Tanto era la gioia, l'orgoglio e la fretta di partire, che non fu reso l'omaggio, come voleva la consuetudine, alla tomba di Barbarossa. Fecero vela per Malta 130 galere reali, 30 fra galere bastarde e galeotte, 13 navi grosse, e circa 200 caramussali. Al Comando della spedizione erano: Mustafà Pascià, Serraschiere e Generale in capo dell'Esercito, Pialì Pascià, Ammiraglio della Flotta, Dragut, Re di Tripoli, Hassan, Re di Algeri, l'Aga dei Giannizzeri e Curtogolì. Capitani di Fanale erano: Alì Portu, Generale Governatore di Rodi, Ociali Fartas, rinnegato calabrese e Governatore di Alessandria, Perviz Aga, Peruan Aga, Sutil Aga, Caravazee Amarut, Axi Murat, Aydar Aga, Suelvey, Alí Neoli Bey, Uccialì, rinnegato greco, Hay Aga giunto da Penon de Velez de la Gomera, Haloc el Kaya, Luogotenente di Dragut, Sala Arrys, Governatore di Metelino, Xaquet Arrays, il Bey di Kavalla e Kaya Chiluy. Quest'ultimo rimase con quattro galeotte e quattro galere bastarde, le più vecchie, a guardia dell'Arcipelago. L'Ammiraglio ordinò a tutte le navi di dirigersi alla più vicina isola per la spalmatura. Alcune andarono a Volo, altre a Negroponte, a Chio, all'Isola Nera e all'Isola degli Ebrei. Quando le navi furono pronte si radunarono nel porto di Arnaut, che trovasi vicino a Napoli di Romania, ed in queste acque Alì Portu, Cutogolì e Kaya Bey catturarono tre navi di Ragusa, cariche di grano e altre provviste; le requisirono per la spedizione, pagando il carico ed il nolo. La flotta lasciò il porto con grande calma di mare e le galere presero a rimorchio le maone e le altre navi. Durante la notte, nel canale di Napoli di Romania, nonostante la perfetta calma, una delle navi più grandi, carica di ogni sorta di munizioni, andò perduta con i 700 Spahis che erano a bordo. Solo il padrone e 20 uomini della ciurma, si salvarono. Io penso che questa nave fu affondata dallo stesso padrone, allo scopo di danneggiare i nostri nemici: difatti, con essa andò perduta una grande quantità di provviste e di polvere da sparo. Due altre navi andarono ad incagliarsi da quelle parti e se non fossero state alleggerite, facendo sbarcare la gente e le munizioni, anch'esse sarebbero affondate. Nonostante l'attenzione posta, una di esse imbarcò tanta acqua, che molta polvere andò perduta. Ferviz Aga e Amurat Aga, accorsi prontamente al soccorso, poterono rimorchiarle al porto di Arnaut, dove furono rimesse in sesto. Col tempo buono ripresero il mare per riunirsi alla armata, e la raggiunsero a Modione e Navarrino, che è un grande ed eccellente porto e di buona acqua. La flotta entrò in porto per provvedersi di vettovaglie; e qui si riunirono ad essa molti Corsari d'Oriente che, banditi dal Sultano, erano stati poi perdonati, a condizione di prendere parte all'impresa. A Navarrino, i Pascià passarono la rassegna generale delle forze. Tutti gli uomini provenienti dalla Grecia, dalla Morea, dalla Carmania, dalla Anatolia erano qui radunati. Ve n'erano assai di più di quanto era possibile imbarcarne; e fu dato l'ordine di licenziare i meno atti alle fatiche della spedizione e coloro che erano stati costretti ad ubbidire all'appello del Sultano. Gli ufficiali non intascarono poco denaro per dare licenza a costoro. A Navarrino, il Serraschiere festeggiò i Giannizzeri e gli Spahis, con i quali largheggiò in oro e donativi, tanto che costoro gli furono molto grati e, orgogliosi com'erano, sognarono di poter conquistare non solo Malta ma l'Italia tutta. La forza militare che salpò da Costantinopoli per Malta era composta in tutto di 28.000 combattenti, e cioè da:

6.000 Spahis, arcieri di fama, comandati da un Sanjaz-Bey e da due suoi Luogotenenti chiamati Alay-Bey. Ne erano stati reclutati molti di più ma soltanto i migliori furono trattenuti;
500 Spahis di Carmania, sotto un Sanjaz-Bey;
6.000 Giannizzeri della Guardia del Corpo del Gran Turco, tutti abilissimi archibugieri, sotto il Giannizzero Aga, Luogotenente del Generale dei Giannizzeri;
400 Avventurieri di Metelino, sotto un Sanjaz-Bey;
2.500 Spahis di Romania;
3.500 Avventurieri, anch'essi di Romania, sotto un Sanjaz-Bey e un Alay-Bey;
4.000 Avventurieri, tutti fanatici religiosi, molti dei quali avevano beni propri e potevano condurre una vita oziosa nelle loro moschee. La maggioranza era vestita di bianco, ed alcuni portavano un gran cordone ed un turbante verde. Avevano implorato il Sultano perchè concedesse loro la grazia di andare a combattere per la loro fede, convinti che essi avrebbero salvato l'anima, morendo in combattimento;
6.000 Leventi, marinai e corsari, armati in modo diverso.

Molti mercanti ebrei, poi, si erano uniti alla spedizione con mercanzia e con denaro per comperare schiavi Cristiani. L'Ammiraglio passò in rivista le navi e la gente di mare. Si ritiene per certo che con i Mori di Dragut, con quei di Hassan, con gli Sciaiali e i Leventi, partirono per Malta 40 mila uomini di guerra, non contando i marinai e gli altri addetti ai servizi. L'Artiglieria era comandata da un Generale che essi chiamavano Tobgi Pascià. Vi erano anche cinque Ingegneri: un greco, uno slavo, un veneziano, un altro italiano ed un turco. Prima di partire da Costantinopoli, ad ogni avventuriero furono dati cinque zecchini d'oro, per provvedersi delle armi e di quanto necessario. Non restava molto per il cibo, ma molti si arruolavano nella speranza di essere ammessi nei ranghi degli Spahis, in ricompensa dei loro servizi. Alla gente da remo e agli Sciaiali, parecchi dei quali servirono in seguito come guastatori, prendendo anche parte ai combattimenti, furono dati due aspri d'argento al giorno, pari a due o tre dei nostri quartini di Castiglia; prima di salpare, furono dati a ciascuno venti zecchini d'oro che è la somma che il Sultano paga per ogni campagna di guerra. Sulle navi erano state imbarcate provvigioni per sei mesi, ma subirono una forte riduzione per la perdita di una delle navi grosse. Mustafà imbarcò a Gallipoli un grosso cannone petriero, che Solimano aveva impiegato all'assedio di Rodi. La flotta salpò da Navarrino il 12 maggio alla seconda guardia di notte; il tempo era così favorevole che essa arrivò dinanzi a Malta dopo sei giorni. Fu avvistata all'alba del 18 maggio, a trenta miglia per Greco Levante. Si è poi raccontato che quando la flotta fu in vista di Malta, Mustafà Pascià mostrasse una carta riservata del Gran Turco con la quale si davano a lui speciali poteri. Pialì ne rimase colpito e profondamente addolorato; fu facile prevedere come i rapporti tra i due Pascià sarebbero d'allora divenuti non buoni. I preparativi di una spedizione così formidabile vennero a conoscenza dei Principi Cristiani attraverso Venezia; anche il Gran Maestro della Religione non aveva mancato di ragguagliarli su tutto. Continui messaggi di Sua Signoria Illustrissima giungevano alla Santità di Nostro Signore il Papa Pio IV e a Sua Maestà Cattolica il Re di Spagna Don Filippo, perché proprio da loro egli sperava il maggior aiuto: il Papa era Vicario in terra di Nostro Signor Gesù Cristo e Sua Maestà portava il titolo di Re Cattolico. La importanza di Malta per la sicurezza del Regno di Napoli, della Sicilia, delle isole del Mediterraneo e delle altre frontiere dell'Africa, rendeva il Re più di ogni altro impegnato a che Malta non andasse perduta. Quando Sua Maestà ricevette precise informazioni intorno ai preparativi del Sultano, diede incarico a don García de Toledo, Viceré di Sicilia e Capitano Generale del Mar Mediterraneo, di provvedere a quanto necessario per poter resistere, soccorrere e difendere Malta. Don García venne in Italia nel febbraio dello stesso anno e, seguendo le istruzioni di Sua Maestà, conferì col Duca di Savoia, con la Signoria di Genova, col Duca di Firenze, con Sua Santità e col Viceré di Napoli. Completata la sua missione in Italia, egli salpò alla volta della Sicilia dove fu ricevuto con gran festa. Pochi giorni dopo, assicurato il buon governo della Sicilia durante la sua assenza, salpò per Malta e la Goletta con 30 galere che trasportavano 3.000 soldati spagnoli. Egli si trattenne a Malta un giorno e mezzo per conferire con il Gran Maestro. Visitò tutti i forti e diede il suo parere su di essi. Propose di lasciare alcuni dei suoi uomini a Malta, ma il Gran Maestro declinò l'offerta, dicendo che fino a quando non fossero meglio noti i propositi del nemico, le sue forze sarebbero state sufficienti. Accettò invece da Don Garcia di ricevere immediatamente soccorso, in caso di necessità. Da Malta Don Garcìa andò alla Goletta, dove sbarcò forze sufficienti alla difesa. Queste forze consistevano in quattro compagnie di fanteria spagnola, comandate da Francisco de Erasso, Martin de Gurachaja, Juan de Mesa e Juan Perez de Andrada. Tornò poi in Sicilia per essere pronto ad ogni evenienza. Da quando era giunto avviso della spedizione preparata dal Gran Turco, il Gran Maestro aveva fatto il possibile per porre l'Isola in stato di difesa. Quasi tutti gli schiavi, tutti i maltesi, sia del Borgo come dei Casali, insieme con i servitori dei Cavalieri, i soldati delle galere e gli ufficiali si misero al lavoro giorno e notte. Si cominciò a fortificare il rivellino ed il cavaliere di San Michele, nella parte della Posta di Aragona. Il rivellino del Forte di Sant'Elmo fu rinforzato con un parapetto di gabbioni e terra. Molte case della Burmola, presso il Borgo, che stavano vicino alla Posta di Aragona e a San Michele, vennero demolite. Si mandò la citazione ai Cavalieri residente fuori dell'Isola, e soprattutto in Italia perché, senza indugio, raggiungessero Malta. Grazie all'energia e alla saggezza del Gran Maestro, Malta fu ben provveduta di armi e viveri per l'imminenza dell'attacco. Il 7 del mese di maggio, Don Francisco de Sanoguerra fu mandato con la Galera San Michele, a piazzare la catena di ferro all'imboccatura del Porto e, benché essa fosse molto pesante, si lavorò bene, che all'indomani era già fissata. Nello stesso giorno, Don Francisco de Sanoguera era nella sua Galera nel porto di Marsa Musetto, mentre i suoi uomini lavoravano al rivellino di Sant'Elmo, quando un moro amico, che aveva moglie e figli a Malta, arrivò di Barberia, dove era stato inviato a raccogliere notizie. Egli riferì che il Re di Tunisi aveva ammassato forti quantità di provvigioni per la flotta turca, consistenti in uva, datteri, miele, olio e altro, ma non pane, poiché scarseggiava in Barberia per il raccolto assai povero di quell'anno; aggiunse che per conquistare il favore del Re di Tunisi, Dragut gli aveva mandato in regalo molte pezze di seta e alcuni cannoni di bronzo. Notizie sicure che la flotta Turca era a Modione, furono portate da Juan de Cardona, Capitano Generale delle Galere di Sicilia, che arrivò a Malta il 10 di maggio, con la Compagnia del Capitano Andrés de Mirando, comandata, lui assente, dal Luogotenente Martin de Medrano, giovane di trenta anni di grande valore. Don Juan de Cardona ritornò una seconda volta, proveniente da Palermo e sbarcò sei compagnie di fanteria spagnola. Nel

▲ Battaglia navale fra navi turche e navi dei Cavalieri di Malta - attribuito a Caspar Luyken - Riikmuseum Amsterdam.

lasciare Malta, costeggiò l'Isola e scandagliò tutte le cale, facendone una esatta ricognizione, secondo le istruzioni ricevute, con l'usuale diligenza che egli pone in tutto quello che riguarda il servizio del Re. Tre giorni dopo, due Galere dell'Ordine portarono un'altra compagnia di soldati spagnoli comandati da Juan de la Cerda, che furono dal Gran Maestro destinati alla guarnigione di Sant'Elmo e posti subito a lavorare per il consolidamento del rivellino. Un'altra nave della Religione portò 150 soldati al comando di Fra' Giovanni Andrea Magnasco detto Fantone, inviati a proprie spese da Raffaello Crescino, Agente della Religione a Messina. La stessa nave aveva trasportato anche le munizioni necessarie alla Compagnia. In quei mesi il Commendatore Gil de Andrade era a Napoli ed aveva dato incarico a Fra' Giorgio Cervelli, Ricevitore della Religione in quella città, di arruolare a sue spese 200 fanti; ne fu, poi, dato il comando a Fra' Asdrubale de' Medici. Poichè da Messina dovevano partire gli aiuti, il Gran Maestro avvertì la necessità di avere colà una persona autorevole, che fosse in arado di occuparsi dei più importanti affari della Religione. La scelta cadde su Fra' Signorino Gattinara, Priore di Messina, al quale diede il comando di tutte le forze di soccorso che si sarebbero riunite in quella città. Furono dati al Priore pieni poteri per coordinare le trattative a pro della Religione e per procacciare tutto il denaro necessario, anche ricorrendo a prestiti ad interesse. La Galera del Gran Maestro aveva portato a Malta da Trapani il Colonnello Mas con 400 soldati. Con l'occasione aveva caricato a bordo considerevoli quantità di frumento e ceste per trasportare terra. Fu demandato a Fra' Luigi Balbiano e a Fra' Adriano Maymòn di far radunare tutti gli abitanti dei Casali, con il loro bestiame, nelle piazze fortificate. I Cavalieri Fra' Baltasar de Payva, Fra' Esteban Claramonte e Fra' Charles de Grasse-Briancon ebbero l'ordine di controllare se tutti i raccolti erano stati mietuti, anche se non ancora maturi. Insieme con loro erano i Capitani delle milizie dei Casali, i Cavalieri Fra' Calceran Pegueta catalano, Fra' Guy de Morgès-La Motte-Verday alverniate e Fra'Antoine de Gillars Montemar. Le Galere della Religione andavano e venivano continuamente di Sicilia e spesso sbarcavano a Siracusa la gente ritenuta inutile per la difesa dell'Isola. Don Garcìa aveva dato ordine ai siciliani di ricevere i maltesi e di trattarli da buoni vicini. Di ritorno a Malta le Galere portavano sempre provviste, perché tutte le navi che incontravano nel Canale cariche di frumento, vino od altre vettovaglie, erano dirottate sull'isola, dove il carico di bordo era generosamente pagato. Il Cavaliere francese Pierre de Giou, Capitano Generale delle Galere, tanto zelante nel servizio della Religione, era in viaggio da Malta a Messina, quando a Reggio incontrò una nave carica di frumento. Ne era capitano Girolamo Villavecchia, genovese, il quale di buon grado acconsentì a venire a Malta. Villavecchia, con i suoi uomini, ha servito, poi, con onore durante tutto l'assedio. Quando le Galere non avevano da trasportare uomini o provvigioni, caricavano a Capo Passero legname e fascine per le fortificazioni di San Michele e di Sant'Elmo. Il Capitano Romégas, con le due Galere del Gran Maestro, entrò in porto con due saettie cariche di frumento. Furono ricevute con gioia perché, per lo scarso raccolto in Sicilia, Don García non poteva approvvigionare l'Isola di tutto il grano di cui abbisognava. Sparsasi la notizia dell'avvicinarsi della flotta turca, il Gran Maestro ha voluto nuovamente passare la rassegna di tutte le forze, per accertarsi del numero dei combattenti e degli addetti ai servizi.

Ed eccone lo elenco:

500 Cavalieri di tutte le Lingue;
400 Spagnoli delle Compagnie dei Capitani Miranda e La Cerda;
200 Italiani della Compagnia di Fra' Asdrubale de' Medici;
400 Soldati del Colonnello Mas;
200 Soldati della Compagnia di La Motte;
100 Soldati della ordinaria guarnigione di Sant'Elmo;
3.000 Maltesi di tutta l'Isola;
500 Soldati delle Galere;
100 Servitori del Gran Maestro e dei Cavalieri;
200 Greci e Siciliani che vivono in Malta;
500 Forzati di galera e Buonavoglia.

Per il lavoro, oltre agli uomini, alle donne, ai ragazzi, perché tutti si prestano, vi sono alcune migliaia di schiavi della Religione e a disposizione di tutti molti animali da soma. Sono Agozzini Reali, i Cavalieri Fra' Jeronimo de Huete della Lingua d'Aragona, Fra' Baldassarre Imperatore della Lingua d'Italia e Fra' Louis Olivier d'Aulx du Bornois della Lingua di Francia. Questi Cavalieri, oltre ai loro compiti giudiziari, devono sovraintendere alle provvigioni e agli uomini disponibili per i servizi, e devono far continuamente attingere acqua dalla Marsa, allo scopo di riempire le cisterne del Borgo, di San Michele e di Sant'Angelo. Sovraintendenti alle Acque sono Fra' Antonio Pacheco Caraveo e Fra' Marc'antonio Altavilla. Il Gran Maestro, poi, è entrato in Consiglio per dare ordini affinché ogni Lingua si raccolga alla sua Posta, come è dettato dalle Regole dell'Ordine in occasioni simili, per provvedere alla difesa e vigilare. Sono entrati in Consiglio i seguenti Cavalieri della Gran Croce: Fra' Domingo Cubelles, Vescovo di Malta; Fra' Antoine Cressin, Priore della Chiesa; Fra' Pietro del Monte, Ammiraglio; Fra' Louis du Pont, Priore di Saint Gilles; Fra' Jean Louis Audebert de l'Aubuge, Priore di Sciampagna; Fra' Filippo Pilli, Priore di Capua; Fra' Juan Egaras, Balì di Negroponte; Fra' Pedro Felices de la Nuza, Balì dell'Aquila; Fra' Luis de Salcedo, Balì di Caspe. Sono rappresentanti o Luogotenenti dei Pilieri assenti: Fra' Jean de Montagut-Fromigières, per il Gran Commendatore; Fra' Francois de la Bouyssière Carouan, per l'Ospitaliere; Fra' Matías Ferrer, per il Gran Conservatore; Fra' Oliver Starquey, per il Turcopiliere; Fra' Konrad von Schwalbach, per il Gran Balivo; Fra' Luis de Paz, per il Gran Cancelliere; Fra' Magdelon de Groussy-Boingly per il Tesoriere; Fra' Martín Rojas de Portalruvio, Vice Cancelliere.

Si è provveduto alla distribuzione delle Poste nel modo seguente:
il Bastione di Provenza è presieduto dalla Lingua di Provenza, e nell'assenza del Gran Commendatore, è affidato a Fra' Jean de Montagut-Fromigières; il Bastione d'Alvernia, Posta di quella Lingua, è comandato dal Maresciallo, Fra' Guillame de Coupier, suo Piliere; la Posta di Francia è affidata a Fra' Francois de la Boussière-Carovan; la Posta d'Aragona, che si estende fino alla Burmola, è comandata da Fra' Matías Ferrer nell'assenza del Gran Conservatore; la Posta d'Inghilterra è comandata da Fra' Oliver Starquey nell'assenza del Turcopiliere; e poiché non vi sono altri Cavalieri d'Inghilterra, il Gran Maestro ha destinato alla Posta, data la grande importanza, un gruppo di greci e di maltesi; la posta di Alemagna è affidata a Konrad von Schwalbach; ed essendo i Cavalieri germanici in numero esiguo, altri uomini vi sono stati inviati. La Posta è dietro l'Infermeria, e Schwalbach l'ha fortificata con grande perizia. La Posta di Castiglia è presieduta da tutti i Castigliani e Fra' Luis de Paz, per l'assenza del Gran Cancelliere.

▲ Soldati dell'ordine dei Cavalieri di malta al tempo dell'assedio.

Soldati maltesi sono stati, poi, assegnati ad ognuna delle Poste.
Un'altra Posta sta tra quella di Castiglia ed il baluardo di Alvernia. È conosciuta come la Posta dei Genovesi, perché è difesa da Girolamo Villavecchia e dai suoi marinai.
Tra Sant'Angelo e la Posta d'Inghilterra vi sono altre due Poste. Una è la Prigione degli Schiavi ed è affidata al Governatore e dei suoi assistenti, più per vigilare sugli schiavi che per difendere la Posta ben fortificata, munita, com'è, di due cannoni rinforzati, puntati verso la imboccatura del porto.

Tra Sant'Angelo e la Prigione degli Schiavi è stata allestita un'opera di difesa del Porto Grande. Due cannoni pesanti e due medi, ben po-stati, potranno arrecare non poco danno al Turco, se tenterà di forzare il Porto o attaccare Sant'Elmo. Questa Posta è presidiata dal Capitano Romégas e dagli uomini dellasua Galera.

È conosciuta come Le Torri; è molto sicura e facile da tenere. I suoi uomini, infatti, possono essere inviati dove più è necessario; e tra di loro, è scelta la Guardia del Corpo di Sua Signoria. Sulla roccia, in cima alla quale è costruito Sant'Angelo, sulla estrema punta, al di sotto del castello, vi è una piattaforma a livello del mare, con molte caverne, aperte verso la bocca del Porto Grande e a protezione della grande catena che lo chiude.

Il Gran Maestro ha affidato questa Posta al Commendatore Francisco de Guiral il quale, col suo Luogotenente Fra' Andrés Barrientos e gli uomini della Galera San Giovanni di cui è Capitano, l'ha fortificata con molta cura. Il Governatore di Sant'Angelo è Fra' Calceran Ros, Cavaliere catalano. Fra' Juan de Acuna ha il comando di un gruppo di 50 uomini presi dalle Galere, pronti ad accorrere, come riserva, in qualunque luogo che sia sottoposto ad un forte attacco. È Conservatore Conventuale Fra' Juan Luis Cortit catalano. Ramòn Fortùn, Cavaliere majorchino, è Tesoriere ed assolve assai bene il compito. Un altro Cavaliere di Majorca, Fra' Gabriel Cerralta, conosciuto per il suo zelo e pietà, è sovraintendente alla Infermeria. Il Commendatore Fra' Antoine de Flotte de la Roche cura le munizioni dell'artiglieria che è sotto il comando di Fra' Antoine de Thézan de Poujol.

Il Commendatore Fra' Adriano Magnòn catalano, e il Cavaliere Salvago genovese, sovraintendono alla fabbrica delle polveri; essi hanno verificato il deposito già esistente e fabbricano novecento libbre di polvere al giorno. Al comando delle forze di soccorso sono: Fra' Pedro de Mendoza, il Capitano Romégas, il Priore di Sciampagna, il Balì dell'Aquila, il Commendatore Fra' Francisco Ruiz de Medina e Fra' Pierre de Giou, Capitano Generale delle Galere. I gruppi di soccorso, composti di soldati maltesi e di soldati provenienti dalle galere che non sono stati destinati alla difesa delle Poste, sono inviati là, ove maggiore possa essere il pericolo.

I Sergenti Maggiori sono: i Cavalieri Fra' Juan Vàzquez de Aviles, Fra' Costantino Castriota e Fra' Francesco de Guevara napolitani, il Commendatore Fra' Balthazar de Simiane de Gordes e il Commendatore Fra' Antoine du Fay de Saint-Romain francesi. L'Ammiraglio, con tutti i Cavalieri, è a San Michele, Posta d'Italia, e il suo comando si estende su tutta la penisola di San Michele. Per ordine del Gran Maestro egli ha diviso i posti tra i Cavalieri,

▲ Scontro fra truppe cristiane e soldati ottomàn nella seconda metà del XVI secolo. Jacques Callot, da M. Rosselli Riikmuseum Amsterdam

Capitani di Galera ed altri che, insieme con i propri uomini, sono venuti a stare ai suoi ordini. L'Ammiraglio ha il suo alloggio di fronte al Torrione ed i Cavalieri sono alloggiati nelle case vicine ai posti di combattimento. Nel Torrione vi è una grande cisterna ed il deposito delle munizioni, affidato alla custodia dei Cavalieri.

Dalla spiaggia, di fronte alla Posta di Aragona e fino alla postierla che dà nel fosso, vi è la Posta difesa dai soldati maltesi; da qui fino al Torrione, compresa la casamatta e la piattaforma che guarda Aragona ed il fossato vicino al Corradino, è la Posta di Fra' Antonio Martelli, fiorentino. Dall'altra parte del Forte, verso il Corradino, vi è la Posta di Fra' Carlo Ruffo, Capitano della Galera Corona, che ha per Luogotenente Fra' Marcello Mastrilli. La Posta consiste in una batteria di quattro cannoni puntati sulla Mandra e su Santaren: così è chiamato un giardino appartenente al Priore della Chiesa. La Posta ha una traversa con due troniere, che ne proteggono il fianco fino alla Posta della Burmola. La Posta della Burmola è una piattaforma con quattro bastioni, due dei quali difendono la Posta di Fra' Carlo Ruffo e gli altri due coprono interamente il fianco di San Michele fino alla punta. È comandata dal Cavaliere spagnolo Fra' Martín de Seca, Capitano della Milizia di Burmola.

Tra questa Posta e una piccola torre, vi è un'altra Posta comandata da un gentiluomo, Cola di Naro, che è Giudice in Malta. Sono ai suoi ordini oltre un centinaio di siciliani residenti nell'Isola. È perciò chiamata la Posta dei Siciliani. All'estrema punta di San Michele vi è un baluardo non terminato che si chiama lo Sperone; data la sua importanza, esso è molto debole, perché è basso, senza parapetto e senza piattaforma da combattimento. Ad esso è fissato il capo della catena che chiude il Porto. Il comando di quest'opera è affidato a Fra' Francisco de Sanoguerra, Cavaliere di Valencia e Capitano della Galera San Gabriele. Questi, nonostante sia piccolo di statura, è assai coraggioso ed esperto, ma soprattutto buon Cristiano e devoto alla Religione. Suo Luogotenente è il nipote, Fra' Jaime de Sanoguerra, giovane molto ardito. Fra' Francisco, con la ciurma della sua Galera, ha fortificato quest'opera nel modo migliore nel breve tempo a sua disposizione. Ha costruito un altro parapetto ed una piattaforma, con quattro gabbioni terrapienati. Egli è molto bene assistito da Vincenzo Cigala, Cappellano della Galera, da Nicola Rodio, Vice Cappellano, da un Servente catalano di nome Peri Juan Mendoza e da Lorenzo Puche maiorchino.

Governatore della Città Vecchia di Malta è il Commendatore Fra' Pedro de Mezquita portoghese, la cui autorità si estende sul resto dell'Isola. Il Gran Maestro ha inviato Fra' Giovanni Vagnone con altri sei Cavalieri e centocinquanta soldati, a rafforzare la guarnigione della Città Vecchia. Governatore del Gozo è Fra' Juanito Torrellas, Cavaliere di Majorca. La guarnigione consta di 80 soldati. Il Forte Sant'Elmo è comandato dal Cavaliere Fra' Luigi Broglia piemontese, ed il suo Luogotenente è Fra' Gian Giacomo Parpaglia. La guarnigione assomma a 80 soldati, quasi tutti della Compagnia del Capitano Juan de la Cerda. Il Gran Maestro vi ha mandato ancora 50 soldati e il Balì di Negroponte, Juan Egaras, come Capitano delle riserve e come Comandante in capo. Il Torrione è presieduto da pochi Cavalieri e da 50 soldati con a capo il Cavaliere Fra' Jeronimo Sagra. Il Gran Maestro ha ordinato che tutti i feudatari della Religione si tengano pronti con armi e cavalli, come è loro dovere, agli ordini di Fra' Juan Egaras, il quale ha per Luogotenente Fra' Estéban de Claramonte. Monsignore ha ordinato, inoltre, la sospensione di tutte le cause civili e criminali per la durata della guerra, e ha liberato tutti i prigionieri sottoposti a pena per reati civili, in modo che possano prendere parte alla difesa. Nonostante che tutti i Commissari avessero il compito di sorvegliare che la gente dei villaggi conducesse il proprio bestiame nei recinti accanto ai posti fortificati, e nonostante gli ordini e le preghiere di farlo, la gente ha lasciato molti animali per la campagna, pensando forse, che i Turchi avrebbero ripetuto quello che fecero nel 1551, quando venuti a Malta, ne ripartirono poco dopo, limitandosi a portare con loro qualche abitante del Gozo. Il Gran Maestro ha fatto tutto quanto è in suo potere con diligente ed assidua cura per porre l'Isola in istato di difesa. È, tuttavia, profondamente preoccupato per l'imminente pericolo, perché, la difesa di Malta è resa più difficile dalle alture che dominano il Borgo, San Michele e Sant'Elmo. Sant'Elmo infatti è dominato da una piccola altura, nota come il Romitaggio di Santa Margherita. Un'altra altura, chiamata il Corradino, domina l'intera penisola di San Michele e l'intero Forte: la Mandra, altro punto elevato, domina San Michele di fronte. Benché i bastioni di Provenza e di Alvernia siano fortissimi ed alti, pur tuttavia, sono entrambi dominati dalla collina di Santa Margherita.

Le alture della Calcara e del Salvatore dominano le Poste di Castiglia, Alemagna, Inghilterra, e, in un certo punto, anche Sant'Angelo. Ho dato questi particolari perché possa essere considerato di quale svantaggio le alture che dominano i nostri Forti possono essere per la nostra difesa. E dò inizio alla narrazione dei fatti, così come, giorno per giorno, ho potuto notare.

▲ Giannizzero ottomano 1560 circa. Tratto da Der erst Theyl von der Schiffart und Rayß in die Türckey und gegen Orient, Nicolas de Nicolay 1572 - Heidelberg Biblioteca

L'ARRIVO DEI TURCHI A MALTA

18 maggio, venerdì

Alle prime luci dell'alba, le nostre vedette di Sant'Angelo e di Sant'Elmo hanno avvistato l'Armata turca, a trenta miglia al largo, che procedeva per Greco Levante. Sono stati dati i segnali prestabiliti affinché i contadini cerchino riparo nei posti fortificati; sono state sparate due cannonate per avvisare la Città Vecchia ed il Gozo. Ai segnali, la gente dell'Isola si è precipitata verso il Borgo portando con sé i bambini, il bestiame e le masserizie. Il Gran Maestro è d'avviso che non sia prudente che tutti si rifugino nel Borgo, ed ha inviato il Commendatore Gabriel Gort alla Posta di Aragona, perché una parte trovi rifugio a San Michele. A giorno chiaro, si è compreso che la flotta fa rotta per Marsa Scirocco, porto cinque miglia distante da Birgu. Per contrastare lo sbarco, il Gran Maestro ha fatto uscire da Birgu il Maresciallo con oltre cento Cavalli, la Compagnia del Capitano Medrano e quella del Colonnello Mas ed una parte della Compagnia del Capitano La Motte. Anche il Capitano Fra' Juan Egaras è uscito con i Cavalli. In tutto un migliaio di uomini. Ma il Turco, avvicinatosi a terra, ha notato la nostra gente, ha certo compreso di trovar ostacolo e, avendo vento fresco al traverso, ha preso a costeggiare l'Isola per Libeccio. I nostri uomini a cavallo e a piedi hanno seguito, costa costa, la rotta della flotta per più di cinque miglia fino al cader della notte, quando una parte delle navi ha dato fondo nella baia del Mugiarro e l'altra nel canale del Freo. A notte alta, la nostra gente è rientrata nella Città Vecchia per il riposo dopo aver lasciato posti di guardia nei luoghi opportuni.

19 maggio, sabato

Stamane, prima di giorno, il Maresciallo è uscito dalla Città Vecchia con tutta la fanteria e si è portato alla Torre del Falco da cui potevano essere seguiti i movimenti della flotta turchesca. Il Commendatore Egaras, invece, si è diretto con i cavalieri in una posizione più vicina al mare, lontana due miglia dalla Torre del Falco, e ha nascosto la sua gente tra le abitazioni di un casale. Così restando, e non vedendo apparir nemico, ha mandato un Cavaliere francese, Fra' Adrien de la Rivière, che è stato paggio del Gran Maestro, con dodici uomini a cavallo a riconoscere, con la istruzione di nascondersi dietro un muro, e di tentare a cattura di ogni turco isolato avanzante

▲ L'arrivo dei turchi a Malta. Inizia il dispiegamento ossidionale. Affresco di Matteo Perez d'Alezio, 1547-1614.

lungo la strada, nella speranza, così, di ottenere quelle utili informazioni che il Gran Maestro ardentemente desidera. Ha, però, raccomandato a La Rivière di essere prudente e di non muoversi, a meno che non se ne palesasse la opportunità: nel caso, poi, che fosse stato attaccato da forze superiori, non doveva muoversi dal posto occupato fino a che egli non fosse corso in suo aiuto. La Rivière con i suoi uomini, ben riparato, aspettava gli eventi, quando il Cavaliere Fra' Bendo de Mezquita, nipote del Governatore della Città Vecchia, lasciò il grosso del gruppo e, di galoppo, raggiunse il luogo dove La Rivière stava al riparo. Quando La Rivière lo vide avvicinarsi così veloce, pensò che avesse avuto ordine di venire ad avvertirlo di qualche imboscata e gli andò incontro all'aperto. Furono allora notati dai Turchi nascosti su un'altura. Vistosi scoperto, La Rivière spronò sui Turchi, ma alcuni archibugieri, da dietro un muricciolo, fecero fuoco su di lui ed uccisero il cavallo. Egli, appiedato, si difese, ma fu ferito e fatto prigioniero. Bendo de Mezquita fu anch'esso mortalmente ferito, ma mentre i Turchi circondavano La Rivière, ebbe il tempo di porsi al riparo di un mucchio di sassi, riuscì a togliersi l'armatura e morì. Don Bartolomeo Faraone, Gran Visconte, che aveva portato aiuto a La Rivière, è stato anch'egli ferito. Quando il cavallo di La Rivière fu abbattuto, un maltese si caricò sulle spalle il Cavaliere e lo portò per una quarantina di passi, ma i Turchi attaccarono così furiosamente che egli fu obbligato ad abbandonarlo e a mettersi in salvo, dicendo a La Rivière: "Signore, scusatemi, non posso fare di più!". Dio sa quanto pesi sull'animo del Capitano Egaras questa disgrazia, per altro dovuta all'imprudenza di Mezquita che ha agito senza ordini. Egaras, con i suoi Cavalli, ha raggiunto il Maresciallo ed ha riferito sull'accaduto. Quest'oggi si è presentato alle sentinelle un rinnegato napolitano fuggito dalla flotta nemica. Richiesto sui progetti dei Turchi e sugli ordini dei Pascià, ha risposto che l'ordine era di prendere Malta e quindi La Goletta, poiché con forze così ingenti, il compito sarebbe stato facile. Ha aggiunto che essi hanno 50.000 combattenti, con provviste per sei mesi e molta artiglieria pesante, con forti quantità di munizioni di tutte le sorte, ma che i Pascià non sono d'accordo fra di loro, il che è considerato di cattivo auspicio. Ha accennato anche al naufragio della nave che portava le provviste, naufragio che ha arrecato grave danno. Il Maresciallo ed i Cavalieri erano indecisi sul da farsi, quando Fra' Juan de Acuna, Capitano della riserva in Sant'Angelo, di gran galoppo è corso dal Maresciallo e gli ha detto che gli ordini del Gran Maestro, in virtù di Santa Obbedienza, erano di ritirarsi subito in buon ordine: anche la cavalleria doveva dentrare in città, posto più adatto per i cavalli, e dalla quale si poteva, facendo sortite, portare maggior nocumento al nemico. La fanteria doveva poi essere raccolta nel Borgo, poiché il Gran Maestro è informato che trenta galere stanno sbarcando uomini a Marsa Scirocco, e vi è pericolo che le forze del Maresciallo possano essere accerchiate. Gli ordini sono stati eseguiti, e le forze sono rientrate a Birgu senza perdite. La cattura di La Rivière ha cagionato profondo dolore al Gran Maestro, non solo perché egli era un buon Cavaliere e apparteneva alla sua Corte, ma anche perché Sua Signoria sa bene quanto crudelmente i Turchi possono torturarlo per strappargli le informazioni che desiderano. Questa notte il Gran Maestro ha fatto partire il generoso Cavaliere Salvago genovese, per la Sicilia, perché riferisca a Don García. Il Cavaliere era giunto soltanto da due giorni da un altro viaggio. Questa volta deve arrivare a Pozzallo, consegnare i dispacci e ritornar subito a Malta.

20 maggio, domenica

I Turchi, dopo aver compiuta l'intera ricognizione dell'Isola, stanno sbarcando a Marsa Scirocco non solo perchè è un buon porto, ma per non esser lontani da Birgu. Non ricevendo da noi molestia, sbarcano ordinatamente e si danno a preparare gli alloggiamenti. Hanno disposto corpi di guardia, sentinelle avanzate, ed iniziano lavori per creare un posto fortificato a difesa dell'imboccatura del porto. La maggior parte del campo nemico è passata alla Marsa, che è una cala all'estremità interna del Porto Grande. Qui vi è una sorgente con molta acqua, sufficiente a fornire il Borgo, le galere e molti Casali. Nelle vicinanze della sorgente vi è un piccolo villaggio, dove il Gran Maestro ha una bella casa con un giardino, e dove crescono alti pioppi. La località dista tre miglia dal Borgo, ed i Turchi l'hanno scelta per l'abbondanza dell'acqua. I cavalieri, la gente del Borgo e la Compagnia di Juan de la Cerda uscita da Sant'Elmo, hanno violentemente attaccato i Turchi. A sera i nemici hanno fortificato il Casale di San Giovanni che è situato a mezza strada tra la Marsa e Marsa Scirocco. Deve proteggere gli Sciaiali che dalla flotta vanno alla Marsa e viceversa, a fare l'acquata e a trasportare le vettovaglie necessarie; perché quando passano vicino a Birgu, sono molestati dai nostri cavalieri che spesso li costringono ad abbandonare gli otri. Oggi il Gran Maestro ha dato ordine di metter mano alla demolizione della casa che sta vicino al muro della Posta di Castiglia, allo scopo di spianare un terreno atto al combattimento. Ha ordinato anche di demolire la cavallerizza che sta al di là dello stesso muro, e di tagliare alcuni pini che possono portar pregiudizio. Tutti i soldati, le donne, i bambini, con tutte le bestie da soma disponibili, caricano terra, e in molte parti del Borgo ne fanno cumuli, perché possano servire alla costruzione di terrapieni.

20 MAGGIO 1565, L'ARRIVO DELL'ARMATA TURCA A MARSASCIROCCO

21 maggio, lunedì

Stamane il nemico aveva già sbarcato gran parte della sua artiglieria e delle munizioni; nel Casale di San Giovanni ha creato depositi e lavora alla Marsa alla costruzione di magazzini per i viveri. Oggi abbiamo visto il campo nemico posto sull'altura di Santa Margherita già tutto bene ordinato e circondato da un impressionante numero di bandiere e pennoni. Non si può immaginare lo strepito che giunge a noi di clarini, trombe, trombette, cornamuse, cembali. Lo fanno di proposito per intimorirci e mostrarci le loro forze che devono certamente sorpassare i 40.000 uomini. Ma il Gran Maestro ha indovinato la loro intenzione e ha dato ordine che tutti i tamburi rullino e tutte le bandiere siano date al vento. Ha fatto uscire più di 600 archibugieri sotto il comando del Maresciallo, del Cavaliere de Giou, dei Capitani Medrano, La Motte, Romégas, Mas e di molti altri Cavalieri. Anche il Capitano Egaras è uscito con i Cavalli e ne è seguito un aspro combattimento. Il vantaggio del numero che il nemico aveva su di noi è stato annullato grazie alla velocità che noi poniamo nel caricare e nello sparare, perché essi hanno schioppi con canne lunghe sette ed anche nove palmi che han bisogno di gran tempo per essere ricaricati, e che non sono facilmente puntabili. Il Gran Maestro ha anche ordinato che le nostre compagnie si attestino al di fuori della controscarpa del fossato di Provenza, mentre più di un migliaio di uomini stanno pronti come rinforzo. Egli, poi, è rimasto sulla porta, armato di una giannetta per impedire che gli uomini si lanciassero nella mischia. Eran talmente impazienti, pieni di ardore d'incontrarsi con il Turco, che, se egli non fosse stato là per trattenerli, non un solo uomo sarebbe rimasto a Birgu. Durava il combattimento da cinque ore, quando il Gran Maestro ha dato ordine di ritirarsi. Più di un centinaio di Turchi sono rimasti sul terreno, tra cui un SanjazBey ed altri illustri personaggi, ché tali dovevano essere per la tenacia posta dai nemici nel ricuperare i loro corpi. Molte teste di turchi sono state portate a Birgu, e una bandiera è stata presa da Monsieur de la Prade e da un soldato spagnolo. I nostri mortisono dodici in tutto. È rimasto ucciso il Cavaliere spagnolo Fra' Miguel de Cece: egli stava distribuendo polvere ai suoi uomini, quando un barile ha preso fuoco, uccidendo lui e dieci soldati. Il Gran Maestro ha dato il comando della Posta di Burmola comandata da Cece, a Fra' Simon de Melo portoghese. Mentre il combattimento era al culmine, i Turchi hanno avuto la possibilità di esplorare, dal Salvatore e dalla Calcara, il Borgo. Il Gran Maestro li ha scorti dal bastione di Alvernia e ha dato istruzioni ai suoi ingegneri, perché si prendano le misure necessarie. Anche il Capitano Egaras è stato ferito ed il Gran Maestro ha passato il comando a Fra' Pietr'Antonio Barrese, suo Cavallerizzo. Durante l'attacco, un greco rinnegato, di nome Battista, è fuggito ed è passato al nemico. Quest'uomo era stato fatto prigioniero su una nave e messo in catene perché era circonciso. È un eccellente calafato e può nuotare a lungo sott'acqua più di qualsiasi altro. I greci dell'Isola intercedettero per lui e Sua Signoria gli concesse libertà e lo impiegò come calafato delle galere; dopo di che l'uomo si era sposato e si era stabilito nell'Isola. Tentato dal demonio, ha abbandonato la moglie e i figli ed è passato al nemico. Poiché questo uomo è un ottimo nuotatore, il Gran Maestro nel timore che possa, nuotando sott'acqua, avvicinarsi alle botti che sostengono la grande catena del porto e danneggiarle, ha dato ordine che quattro gozzetti, con uomini armati, siano di guardia alla catena, notte e giorno. È stato ritrovato il corpo del Cavaliere Bendo de Mezquita e ricuperata la sua armatura. È stato sepolto nella Città Vecchia.

22 maggio, martedì

Oggi i Turchi sono venuti in ricognizione a San Michele, come ieri erano andati a Birgu. A mezzanotte il Gran Maestro ha fatto partire la Galera *San Giacomo* per la Sicilia, comandata dal Commendatore Jean de Corneillan Magrin, suo nipote. Egli ha scelto la San Giacomo perché è la più veloce e la migliore fra le sette, e come vogatori ha fatto imbarcare tutti vogavanti per aumentare ancora la velocità, ed essere sicuro del rendimento. È imbarcato sulla Galera il Cavaliere Salvago che ha messaggi per Don García e per Fra' Camillo de' Medici che deve recarsi a Roma dal Papa suo zio. Qualche giorno prima dell'arrivo della flotta turca, Sua Signoria aveva mandato la Galera Magistrale sulle coste di Barberia per spiare le mosse del nemico. Al ritorno, la Galera non è potuta entrare in porto data la presenza della flotta turca, ed insieme con la *San Giacomo* è rimasta al largo. Se le due galere avessero avuto la possibilità di entrare avrebbero arrecato grande aiuto alla difesa, perché vi sono imbarcati più di 600 uomini. Abbiamo saputo da un rinnegato, passato al Borgo, che i Turchi, dopo aver esplorato il Borgo

▲ Ufficiale Giannizzero ottomano 1560 circa. Tratto da ..Türckey und gegen Orient, Nicolas de Nicolay 1572 - Heidelberg Biblioteca

e San Michele, si son riuniti in consiglio per decidere quale fortificazione si doveva bombardare per prima. Era opinione di Mustafà, condivisa da gran parte dei membri del Consiglio, che la Città Vecchia, il Borgo e San Michele dovevano essere bombardati nello stesso tempo, poiché i cannoni e le forze si appalesavano più che sufficienti. Mustafà disse a Pialì che avrebbe dovuto recarsi nella Città Vecchia con mille uomini e dieci cannoni per bombardarla, mentre egli avrebbe bombardato nello stesso tempo il Borgo e San Michele. In questo modo, egli disse, avrebbero raggiunto il loro obiettivo insieme e sarebbero stati subito liberi per attaccare la Goletta, come il Gran Turco aveva ordinato. Se il piano del Serraschiere fosse stato messo in atto, noi saremmo stati perduti, perché tutti dipendevamo, per gli aiuti, dalla Città Vecchia. Ma Dio Onnipotente non ha voluto la nostra sconfitta e per Sua volontà, i due Pascià, gelosi l'uno dell'altro, non si sono accordati; il risultato dei loro errori è evidente e, per noi, tanto favorevole. In effetti, Mustafà aveva proposto in Consiglio che Pialì dovesse andare all'attacco della Città Vecchia. Pialì era ancora offeso per l'affronto ricevuto dal Gran Turco che aveva mostrato così poca fiducia in lui, soprattutto dopo che egli, due anni prima, aveva sconfitto i Cristiani e conquistato il Forte delle Gerbe, con tanta gloria per il Gran Signore e gravi perdite per i Cristiani. Ora, in questa impresa, gli era stato messo al fianco non un suo pari, ma un superiore, poiché tale Mustafà si considerava e così era ritenuto da tutti. Poiché, in segreto, sperava che il Serraschiere fallisse nell'impresa, egli replicò con queste parole: "Mustafà, in questa guerra tu hai la responsabilità delle operazioni di sbarco per ordine del Gran Signore, e tu ne ritrarrai o fama o disonore, secondo il volger degli eventi: nessun altro può dividerli con te. Come tu hai autorità su tutto concerne lo sbarco, così io ho autorità su tutto quanto concerne il mare. Io sono responsabile della potente ed invincibile flotta, tanto amata, apprezzata, ed a ragione, dal Gran Signore. Se, per mia colpa, dovessi andare incontro ad una disgrazia, l'intero biasimo sarebbe mio, come mia sarebbe la gloria, se incontrassi il successo. Nessuno potrebbe dividere l'uno o l'altra con me. Perciò, io ti dico che per nessuna negligenza, dovuta a mia volontà, io arrischierò l'onore e la fama per cui sempre duramente ho combattuto. E metterei a rischio la mia testa, se l'armata incontrasse una qualche sfortuna durante la mia assenza, tanto più dopo che mi è stata tanto raccomandata. Fino a che io non avrò per la mia flotta un porto migliore di quello che ho al presente, io mai l'abbandonerò, nemmeno per un momento". Gli argomenti di Pialì piacquero ai membri del Consiglio, ma non a Mustafà, e poiché era principalmente interessato in questo dibattito, così replicò: "O Pialì, male ho fatto a credere nella tua lealtà verso di me ed ho finito con l'ingannare me stesso; penso, però, che sia passato il tempo delle finzioni. In ciò che ho proposto, vedevo il successo per il nostro Signore ed onore per noi stessi. Ma tu hai sollevato la questione della sicurezza della flotta, mentre noi stiamo su un'isola in cui ogni golfo è porto. Ebbene, io leggo nel tuo pensiero recondito e ti dirò che prevedo il fallimento della impresa nella quale noi investiamo uomini e munizioni e giuochiamo il favore del Gran Signore e, forse, anche le nostre teste. Nonostante questo, io ti darò un porto sicuro che è quello di Marsa Muscetto, porto come non ve n'è altro in tutta l'isola, e che risponde pienamente a quello che desideri". In virtù della risoluzione di Pialì, il Consiglio decise di attaccare Sant'Elmo prima di ogni altra piazza, così che, dopo la conquista, la flotta avrebbe avuto libero accesso al Porto di Marsa Muscetto. Il rinnegato ha riferito che i Pascià sono sicuri di prendere Sant'Elmo in dieci, dodici giorni o anche meno.

23 maggio, mercoledì

Oggi, il Gran Maestro, dalla Posta di Alvernia, ha seguito il nemico che si era spinto in ricognizione verso il Borgo, e in special modo verso la Posta di Castiglia che si presenta assai debole, circondata com'è dalle case. Sua Signoria ha ordinato immediata demolizione di quelle case e, con le pietre di ricavo, ha ordinato di costruire un muro interno, come secondo rinforzo difensivo, con molte traverse per artiglieria pesante e feritoie per archibugi. Così, se la Posta di Castiglia dovesse essere perduta, il nemico si troverà di fronte ad una seconda linea di difesa. Però, pur avendo Sua Signoria dati precisi ordini per questo lavoro, non pensa assolutamente di ritirarsi dietro quel muro, perché egli ben conosce l'importanza di non perdere la prima linea di difesa. D'altra parte, l'intenzione del nemico di attaccare Sant'Elmo appare chiara: questa notte ha cominciato a carreggiare l'artiglieria alla Marsa, dove c'è il deposito di munizioni e dove il Serraschiere ha posto il suo quartiere, nelle case della Villa del Gran Maestro. Il rinnegato giunto ieri ci ha riferito che il Cavaliere Fra' Adrien de la Riviére, fatto ieri prigione, è stato sottoposto a tortura e che fra i tormenti gridava: "Cosa guadagnate a torturarmi? Da me non saprete altro che non riuscirete mai a prendere l'isola, perché non solo è molto forte e ben munita, ma anche perché essa è difesa da un Capitano e da soldati sì valorosi, che preferiscono morire per la loro Fede e per la Religione, piuttosto che mostrar debolezza".

▲ 20 maggio 1565 - Lo sbarco dei Turchi a Malta, Incisione di Antonio Francesco Lucini, 1665 - Riikmuseum Amsterdam.

24 maggio, giovedì

Il Governatore della Città Vecchia ha inviato Luca d'Armenia a Birgu per sollecitare rinforzi dal Gran Maestro. Fra' Vincenzo Anastasi è stato inviato con 60 soldati. Dalle Poste di Alvernia e di Provenza vediamo chiaramente Sciaiali e gente da remo trasportare carichi da Marsa Scirocco alla Marsa, fra un frastuono di urli, canti, incitamenti; la nostra artiglieria non manca di cogliere buoni bersagli su quei cani, anche se tentano di muoversi al coperto. Il Gran Maestro ha ricevuto nuova da Don García il quale dice di far grandi preparativi per venire in aiuto di Malta. L'intenzione del nemico è di attaccare Sant'Elmo e, in effetto, si sta avvicinando per accerchiarlo. La guarnigione del Forte è ansiosa di uscir fuori a combattere. Juan de la Cerda, con i suoi archibugieri ed altri uomini, ha fatto una sortita che si è conclusa con una scaramuccia accanita. Sappia il Turco che Sant'Elmo ha uomini che vogliono e sanno difenderlo. Il Gran Maestro, indovinate le intenzioni dei nemici, ha liberato tutti i forzati alla catena e ha dato loro armi, promettendo generose ricompense se combatteranno da buoni Cristiani e da buoni soldati, e lo stesso ha fatto con i Buonavoglia. Più di un migliaio di schiavi, tra quelli dell'Ordine e quelli appartenuti a privati, incatenati a due a due, sono avviati a lavorare ai baluardi e alle trincee.

25 maggio, venerdì

Il nemico ha cominciato a carreggiare le artiglierie pesanti dalla flotta a Sant'Elmo. Non è compito facile, perché i cannoni sono pesantissimi e i cassoni e le ruote sono rinforzati con ferro. La distanza che devono coprire è di nove miglia ed il terreno è molto accidentato e pietroso. I molti loro Sciaiali, con le bestie da soma che i maltesi avevano abbandonato per la campagna, aiutano a superare le difficoltà. Dallo sperone di San Michele, vediamo che ad ogni carromatto sono aggiogati dieci ed anche dodici buoi, oltre a funate di molti uomini. Il

Gran Maestro, visto che i Turchi stanno trasportando la loro artiglieria pesante verso Sant'Elmo, ha inviato al Forte, per rinforzare la guarnigione, un centinaio di Cavalieri di tutte le Lingue, e Mas e La Motte con le loro Compagnie. Ha disposto che da ogni galera si facciano sbarcare dodici forzati. Dalle cinque galere ne sono stati radunati settanta, ai quali sono state date armi, perché combattano o servano come guastatori, ed è stata offerta loro una buona paga. Ha ordinato, inoltre, che tutte le donne, i bambini e i vecchi che avevano preso asilo presso il fossato di Sant'Elmo, debbano essere mandati a Birgu, mentre gli uomini atti a combattere o a lavorare, devono essere trattenuti. Ha inviato loro biscotto, vino, formaggio, lardo, legumi, olio ed aceto. Per la carne, vi era il bestiame che i contadini avevano portato nel fossato; e poiché non potevano più attingere acqua da un fosso per abbeverarlo, sono stati costretti a macellarlo ed a salarne la carne. Grossi carichi di polvere da sparo, piombo, corda, pale, tromboni, carcasse, granate, sono anche arrivati a Sant'Elmo. Nella fortezza vi sono, adesso, non meno di 800 combattenti.

26 maggio, sabato

I nemici, giorni or sono, hanno dato inizio allo scavo delle trincee a più di 600 passi dal fossato, dal lato di Marsa Muscetto. È stato un compito duro, perché il terreno è roccioso; ma essi hanno lavorato con tanta lena, che oggi hanno raggiunto la controscarpa del fosso. Sono ormai al sicuro, perché non possono essere scoperti da Sant'Elmo. Hanno ornato le trincee con pennoni e bandiere, com'è loro usanza, e piantato certe armature triangolari di legno che, riempite di terra, possono servire come gabbioni per i pezzi da puntare su Sant'Elmo, dal lato di Marsa Muscetto. Juan de la Cerda si è recato a Birgu per riferire al Gran Maestro che Sant'Elmo non può essere difeso per le deficienze già note. Sua Signoria lo ha ringraziato per le informazioni, ma ha replicato di aver piena fiducia in lui e nei suoi uomini; avrebbe, del resto, fatto pervenire aiuti e, per incoraggiarlo, gli ha detto che quando la guarnigione non fosse stata più in grado di resistere, egli stesso sarebbe accorso di persona con altri soldati a difendere il Forte. Ha poi disposto che il Capitano Medrano raggiunga subito Sant'Elmo. Il nemico ha messo in opera due piattaforme sul promontorio di Sant'Elmo: una di fronte ai due mulini a vento di San Michele e alla Posta di Don Francisco de Sanoguerra e l'altra più vicina a Sant'Angelo. Ne deduciamo che con la prima intende bombardare i mulini a vento, lo Sperone e tutta la zona intorno, e con la seconda Sant'Angelo, le galere e le imbarcazioni che passeranno da Birgu a San Michele. Sua Signoria, resosi conto dei disegni del nemico, ha ordinato che le due Galere, la *San Michele* e la *Corona*, siano fatte posare sul fondo. Le altre due Galere, la Capitana e la *San Giovanni*, sono già in salvo nel fossato di Sant'Angelo.

27 maggio, domenica

Ociali, il rinnegato calabrese detto Fartas che significa il tignoso, ha raggiunto l'armata con quattro navi e seicento Leventi. Pialì Pascià, ieri mentre ispezionava le trincee, è stato ferito da una scheggia di roccia fatta saltare da una palla di cannone, ma la ferita non è mortale. Le due piattaforme sull'altura di Sant'Elmo, verso Marsa Muscetto, sono state completamente approntate e ieri notte il nemico ha montato tutti i pezzi con i quali intende bombardare. Prima di iniziare il fuoco, era stato dato ordine che, sotto pena di cento colpi sullo stomaco, nessun archibugiere doveva mancare di prender parte ad una salva generale. La salva è stata sparata ed è durata a lungo. Subito dopo hanno tirato con i loro cannoni pesanti, che avevan già messo a mira durante il giorno, ma non hanno prodotto gran danno, perché noi stavamo all'erta fin da quando avevamo visto aprire le troniere. Tutto questo mi è stato raccontato da un giovane spagnolo di Andalusia, di nome Alonso. È un rinnegato che era con gli archibugieri. È stato segretario del Re di Algeri ed aio di suo figlio. Ecco come è riuscito a raggiungere Sant'Elmo. Deciso di ritornare alla vera fede dei suoi padri, aveva indossato le vesti migliori, dopo aver infilato due camicie e aver preso con sé tutto il denaro che aveva. Quando il fuoco degli archibugieri era cessato, egli si era incamminato lungo la spiaggia, dalla parte delle caverne nelle quali i Turchi si appostano per tirare sulle nostre imbarcazioni. Minacciato dalle sentinelle, rispose che andava a sparare sulle barche che da Birgu vanno a Sant'Elmo. Le sentinelle, incuriosite, gli domandarono perché indossasse il mantello ed egli replicò che contava passare lí la notte, e dormirvi; poi sparò molti colpi in aria, e quando vide il momento favorevole, di corsa se ne venne a Sant'Elmo. Raggiunto il ponte levatoio, lanciò un grido. Una sentinella italiana rispose: "Che c'è" e, poiché queste parole suonano uguali a parole turchesche, Alonso sospettò che, per qualche stratagemma, i Turchi fossero già entrati in Sant'Elmo. Due Cavalieri gli domandarono chi era e che cosa volesse. Egli rispose che era spagnolo e desiderava entrare nel Forte. I due Cavalieri riferirono la cosa al Balì di Negroponte, Capitano delle

▲ 27 maggio 1565 - Assedio e bombardamento di Sant'Elmo. Incisione di Antonio Francesco Lucini, 1665 - Riikmuseum Amsterdam.

Riserve. Non era pmdente, data l'ora, di abbassare il ponte levatoio; gli fu lanciata una corda, in modo che potesse arrampicarsi lungo il muro. Alonso legò il suo archibugio e le sue cose alla corda che fu tirata su; rigettata poi, egli cominciò a salire. Alonso ci ha raccontato dell'antagonismo esistente fra i due Pascià, Mustafà e Pialì, e del malcontento nell'esercito e nella flotta. Ci ha avvertito che in giornata i Turchi intendevano metter fuori uso la grande colubrina, che era postata sul Torrione. V'era tra di loro, un cannoniere rinnegato genovese la cui mira era meravigliosamente sicura, tanto che sarebbe stato capace di scavalcare la colubrina della cassa, o addirittura colpirne la bocca. Il Balì di Negroponte ha mandato Alonso dal Gran Maestro, al Borgo. Alonso ha ripetuto a Sua Signoria ciò che aveva detto al Balì ed ha aggiunto che, se Monsignore glielo avesse ordinato, sarebbe ritornato al campo turco per dare fuoco a grandi quantità di munizioni, perché egli sa dove sono depositate.

28 maggio, lunedì

I Turchi bombardarono le difese di Sant'Elmo dalla piattaforma di Marsa Muscetto, mentre, da una delle due piattaforme del promontorio di Sant'Elmo, bombardarono la Posta di Don Francisco de Sano-guerra, i mulini a vento, le case e le imbarcazioni. Dalle altre piattaforme, tirano sulla batteria vicina alla catena, ove è la Posta del Commendatore Francisco di Guiral. Ma, come han visto che battendo dall'alto verso il basso, non ottenevano buoni risultati, hanno spostato il tiro su Sant'Angelo, giusto sulla punta, immediatamente sopra la Posta di de Guiral, sicuri che, rovinando la batteria, le macerie avrebbero sepolto ed ucciso molta gente. Una parte della muraglia, da anni costruita, è caduta, ma vi sono per lo meno trenta braccia di roccia prima che gravi danni possano essere prodotti. Tutti i cani dell'Isola, radunati nel Borgo e a San Michele, con il loro continuo abbaiare durante la notte, ingannano le sentinelle. Per questa ragione, e per evitare che i loro proprietari debbano dividere con essi la magra razione di cibo, il Gran Maestro ne ha ordinato la uccisione. Il lavoro di miglioramento delle

▲ Ufficiale dei cavalieri in armatura nell'estrema difesa di Forte sant'Elmo - Tavola di Luca Cristini

difese viene curato con diligenza ed alacrità. Alla Posta di Aragona che è più debole delle altre, i nostri Ingegneri hanno costruito un parapetto che si estende fino alla Burmola; dalla parte interna esso viene rinforzato ed ampliato con terra, in modo da formare una spianata per il combattimento. Il comando di Aragona è affidato a Fra' Gabriel Gort, il quale in tutte le occasioni ha servito la Religione con zelo e diligenza.

I Turchi stanno portando a termine la costruzione di una grande piattaforma sul punto più elevato della altura di Sant'Elmo. Ne desumiamo che si preparano ad un bombardamento generale del Forte, per quanto esso disti dalle batterie più di mille passi. E non tralasciano di migliorare la loro posizione nella controscarpa del fossato. Questa è alta, e loro si affannano, a furia di piccone, ad abbassarla perché il tiro possa produrre più danno. Ma il Gran Mestro non dorme: come Argo vede ogni cosa e subito prende le misure per contrattaccare. Da quando i Turchi avevano iniziato i lavori per la grande piattaforma sull'altura di Sant'Elmo, Sua Signoria aveva ordinato la demolizione di alcune casupole a Sant'Angelo. Sul terreno, così ottenuto, doveva essere piazzata una batteria. Se fosse stato possibile di averla in posizione prima di quella turca, avremmo, senz'altro, potuto arrecare al nemico grave danno. Ma purtroppo, nonostante i nostri sforzi, i Turchi hanno portato a termine i lavori della piattaforma prima di noi, perché essi dispongono di molte più braccia e di molte bestie da soma. I maltesi per loro negligenza, hanno abbandonato nelle campagne molto bestiame. I Turchi, poi, hanno portato da Costantinopoli troniere, congegni e legname già segato e preparato per servire a più usi. Il Gran Maestro, ad ogni modo, ha fatto completare la piattaforma, sulla quale sono stati piazzati quattro cannoni. Se Sua Signoria avessa avuto più munizioni per la nostra artiglieria, non sarebbe stato agevole per i nemici di costruire tante piattaforme su posizioni di sicurezza. In aggiunta ai cannoni delle fortezze, noi avevamo i cannoni pesanti e medi delle galere, che avremmo potuto piazzare su cassoni; ma non avendo tanta polvere quanta necessaria, si è costretti a tenerla in serbo per far fronte agli assalti.

29 maggio, martedì

Il nemico si è limitato a bombardare le opere di Sant'Elmo, specialmente il Torrione del Commendatore Sagra. Le sue batterie, dal promontorio di Sant'Elmo, bombardarono i mulini a vento di San Michele, sparano sulle nostre imbarcazioni che passano da Birgu a Sant'Angelo e sulle case. Soprattutto i Turchi lavorano con grande energia intorno alle loro piattaforme maggiori; e benché i cannoni di Sant'Elmo abbiano scavalcato alcuni dei loro pezzi, essi li hanno nuovamente posti in batteria, tanto è la sollecitudine e i mezzi con cui possono provvedere ad ogni necessità. Il Gran Maestro ha domandato ad Alonso, lo spagnolo, se era disposto a tornare nel campo nemico, per eseguire la missione che egli stesso si era offerto di compiere; ma Alonso ha risposto che oramai è troppo tardi; a quest'ora certamente, è stato dato l'allarme per la sua assenza ed egli, presentandosi, rischia la vita.

30 maggio, mercoledì

Oggi la flotta turca è salpata da Marsa Scirocco per approdare alle Saline e fare l'acquata, e poi ha diretto per la Cala di San Paolo. Giunta al traverso di Sant'Elmo, ogni galera ha tirato, con molta bravura, una salva o due. Sant'Elmo ha risposto, ed una galera che si era troppo accostata, è stata colpita a fior d'acqua. Senza l'aiuto delle altre, sarebbe colata a picco. Nostri esploratori hanno riferito che la flotta turca ha lasciato molte maone cariche di fascine ed altro materiale alla Cala di San Giorgio. Il nemico conta di certo, col favore della notte, di venire costeggiando, fino alla Marsa Muscetto. Là le maone potranno essere scaricate presso il campo posto sulla spiaggia, al sicuro dal tiro dei cannoni del Borgo e di Sant'Angelo. Se la colubrina del Torrione di Sagra avesse potuto sparare, avrebbe senz'altro cagionato grave danno al nemico; ma la struttura del Torrione è troppo debole e non sopporta il tormento che dà il grosso pezzo al momento del fuoco. È opportuno pertanto scavalcarla perché il nemico non la colpisca.

31 maggio, giovedì

All'alba di oggi, festa dell'Ascensione di Nostro Signore in Cielo, il nemico ha aperto il fuoco con tutte le batterie. Sono complessivamente ventiquattro i pezzi puntati verso il Forte di Sant'Elmo. Alcuni sparano contro le opere che sono fra lo Sperone che guarda verso Marsa Muscetto, Posta del Colonnello Mas, e lo Sperone vicino alla Chiesa; altri sparano contro il Torrione del Commendatore Sagra. Sagra con i suoi Cavalieri e i suoi soldati, non lascia nulla di intentato per costruire ripari e rinforzarli con incassate.

Fin quando i difensori hanno potuto far fuoco con le artiglierie, i danni inferti al nemico sono stati gravi. Da quando non è stato più possibile ed anche la colubrina è stata rimossa, tutti gli sforzi dei difensori sono dedicati a migliorare le opere.

▲ Ufficiale Giannizzero ottomano 1560 circa. Tratto da ..Türckey und gegen Orient, Nicolas de Nicolay 1572 - Heidelberg Biblioteca

1° giugno, venerdì

I nemici hanno continuato a bombardare come ieri ed il fuoco è così accelerato che i serventi ai pezzi non hanno tempo di ripulire le canne e lasciare che si raffreddino. Nel Borgo e a San Michele non si dorme; si lavora di giorno e di notte. Ogni Capitano ha rafforzato la sua posta: si sono alzati muri, costruiti parapetti, terrapieni, ripari fatti con botti riempite di terra e si sono preparate piazzuole per combattere.

2 giugno, sabato

Dragut ha raggiunto la flotta turca venendo da Ponente, con 13 galere e 2 galeotte di sua proprietà e con una trentina di vascelli appartenuti ad altri Corsari; queste navi trasportano, a quel che si dice, più di 2.500 Leventi. Pialì, l'Ammiraglio, è andato ad incontrarlo e lo ha guidato alla Cala di San Giorgio, dove Dragut ha impiantato il suo quartier generale e da dove si è mosso, tra l'esplosione di gioia di tutti i Turchi, per andare a rendere omaggio al Serraschiere.

3 giugno, domenica

Dragut è tornato al suo quartiere alla Cala di San Giorgio, che si trova a ponente di Sant'Elmo ed ha subito iniziato a bombardare il rivellino e il Torrione di Sagra dalla batteria in postazione sull'altura conosciuta con il nome di Romitaggio di Santa Maria e che dista ben 600 passi. Da astuto e preveggente uomo come egli è, ogni notte fa rientrare i suoi uomini sulle navi e mantiene una guardia severa, in modo da non poter esser colto di sorpresa. Oggi, domenica, festa di Sant'Elmo, i Turchi hanno conquistato il rivellino. I Cavalieri presenti a Sant'Elmo non hanno mai saputo come ciò possa essere accaduto, ma è opinione generale che i fatti si siano svolti in questo modo. Tutta la notte i Turchi avevano continuato a bombardare, ed erano tanto sotto le difese da non poter più ricever danno dal nostro fuoco. È probabile che i loro ingegneri si fossero recati per la controscarpa lungo il fossato, ad accertare l'effetto del bombardamento. Potevano percorrerlo impunemente, tanto bene erano protetti dagli innumerevoli archibugieri postati nelle trincee e nella controscarpa. Con loro grande stupore, essi dovettero giungere sotto il rivellino senza essere scoperti e, procedendo ancora, può darsi che abbiano visto la sentinella addormentata o che si siano accorti che vi erano pochi uomini. Avranno segnalato la situazione ai Giannizzeri, che erano nella trincea più vicina al rivellino, e questi accorsero così rapidamente che la guardia venne sorpresa e si ritirò in disordine nella trincea, che sta fra il Torrione e il rivellino. La trincea era tenuta da cinquanta soldati appostati là per prestare assistenza a quelli del rivellino in caso di bisogno, ma l'impeto e l'agilità dei numerosi Turchi nel passare attraverso una troniera, dovette essere sí grande, che i nostri uomini furono costretti a ritirarsi nel Forte. Da ambo le parti si è combattuto molto valorosamente. Il Balì di Negroponte fece una sortita dal Forte alla testa di molti Cavalieri e soldati; i nemici venivano di rinforzo per conservare ciò che avevano conquistato, mentre i nostri procuravano di riguadagnare ciò che avevano perduto; ne risultò un combattimento corpo a corpo, continuato per ben cinque ore. Alla fine, però, i nostri uomini furono obbligati a ritirarsi, perché l'intera forza turca vi era impegnata, ritenendo il nemico che in quel giorno avrebbe potuto conquistare Sant'Elmo. Possiamo ringraziare davvero la buona sorte, se ciò non è accaduto, poiché alcuni Cavalieri che presero parte a quel combattimento han detto che, dopo essere rientrati nel Forte, in tutta quella confusione, era stato dimenticato di alzare il ponte levatoio. Benché il rivestimento esterno del rivellino fosse

▲ Bella immagine che mostra le due lingue di terra occupate da Borgo e Senglea con le loro fortificazioni

stato completato secondo le direttive del Gran Maestro, era chiaro che il rivellino non avrebbe potuto essere difeso a lungo. Juan de la Cerda aveva già espresso la sua opinione, secondo la quale il rivellino avrebbe dovuto essere minato, in modo da far saltare in aria i nemici venienti all'attacco. I Turchi, ad ogni modo, non lo presero così presto e così facilmente; appena penetrati nel fossato senza ordine né prudenza, attraverso una breccia fatta nel rivestimento della controscarpa, i nostri uomini hanno aperto il fuoco su di loro da Sant'Elmo e dal Torrione di Sagra. Se il Forte avesse potuto disporre di traverse, pochi sarebbero stati i Turchi entrati nel fossato, a sopravvivere.

Venti Cavalieri e settanta soldati sono rimasti uccisi. Il Balì di Negro-ponte, Capitano delle Riserve, e Fra' Francesco di Guevara, Sergente maggiore, sono feriti: il Balì da una freccia ad una gamba, e Don Francesco da un colpo di archibugio. Benché la perdita di questo rivellino sia costata molto cara al nemico, tuttavia ha profondamente addolorato il Gran Maestro, soprattutto perché è stato perduto per nostra negligenza. Le nostre imbarcazioni sono andate subito a prendere i feriti per portarli all'Infermeria del Borgo. Monsignore vuole che questa norma sia sempre seguita; a Sant'Elmo devono restare solo gli uomini atti a combattere. Sua Signoria ha subito inviato Cavalieri e soldati a Sant'Elmo a prendere il posto lasciato dai morti e dai feriti. Tra i padroni delle imbarcazioni che andavano avanti e indietro per quel servizio, Albenga, un genovese, è stato molto fortunato perché ha avuto nella sua barca un solo uomo ucciso, un Fratello Servente maltese di nome Pagao. Questa notte il generoso Cavaliere Salvago è arrivato a Malta: ha approdato a Sant'Elmo ed è subito entrato nel Forte. Era con lui il Capitano Andrès de Miranda. Insieme, prima dell'alba, hanno ispezionato il Forte e più tardi sono andati al Borgo, sempre molestati dal fuoco nemico, che ha ucciso uno dei loro marinai. La cavalleria, che ha i suoi quartieri nella Città Vecchia ed è composta da Cavalieri, Maltesi e soldati stranieri, si scontra giornalmente con il nemico. Un giorno i Turchi si erano avventurati verso Casal Musta per razziare bestiame. Il Capitano Fra' Melchor de Egaras uscì con i Cavalli e alcuni archibugieri; impegnò i Turchi, ne sgozzò parecchi e rientrò portando le loro teste come trofeo. Un'altra volta Egaras fu informato che i Turchi stavano attaccando i maltesi che trasportavano grano alla Città. Uscì con ottanta cavalieri e quaranta archibugieri e dopo di aver chiesto al Governatore che gli mandasse subito rinforzi, corse verso il nemico che incontrò nei pressi di Casal Musta e di Casal Masciar. Il nemico, avendo il vantaggio della posizione attaccò i nostri Cavalli e la mischia si palesò subito, cruenta. Ma giunse ben a proposito il Capitano Fra' Giovanni Vagnone e i Turchi furono caricati con tanta decisione che furono costretti a ritirarsi in disordine, lasciando ottanta morti sul terreno. Il Capitano Egaras mentre, lancia in testa, caricava, fu gravemente ferito da una freccia ad una mano. Vagnone si comportò molto bene e Vincenzo Ventura, che era a capo di venticinque archibugieri, catturò una bandiera. Noi perdemmo cinque uomini e trenta rimasero feriti. Con la Cavalleria in quel giorno vi erano: Egaras, i Cavalieri Fra' Bernardo de Cabrera, Fra' Jeronimo di Marzilla, Fra' Vincenzo Anastasi, Fra' Jean de Barbezières de Boisberthon, i maltesi Carlo Daula, Carlo Miche, Celio, Michele Calli, Miccioli, Francesco da Piacenza, Nicodemo di Lombardia e Andrea Lucio albanese. Un altro maltese, Luca, ha un'abilità speciale per prender vivi i turchi: fa due o tre finte, ed è così lesto nel maneggiar la spada, che riesce a prenderli senza ferirli. In questo modo, quel giorno, ha fatto molti schiavi. Si è saputo che Dragut, venuto a conoscenza che era stato già dato inizio al bombardamento di Sant'Elmo, è rimasto molto contrariato. Il suo piano coincideva con quello di Mustafà Pascià. Non ha mancato di dare suggerimenti, a tutto nostro svantaggio naturalmente, data la grande esperienza di un corsaro così famoso.

4 giugno, lunedì

Il Gran Maestro ha fatto partire il Cavaliere Salvago per la Sicilia con la notizia della perdita del rivellino di Sant'Elmo. Gli ha dato incarico di trattare, provvedere ed insistere per i soccorsi. Il Capitano Miranda è stato inviato da Sua Signoria a Sant'Elmo. E andato come soldato, perché non ha voluto accettare alcun incarico speciale. È stato accolto con grande gioia da tutti quelli che sono in Sant'Elmo, e dai Cavalieri e dai soldati. Si è informato per prima cosa del morale dei Comandanti e sul modo di combattere dei Turchi. Ha ispezionato le batterie e ha dato qualche ordine e suggerimento su quanto ritiene necessario per il bene comune. La sua reputazione è così grande che viene subito obbedito. Miranda è ritornato a Birgu per riferire al Gran Maestro. Egli è del parere che se i Turchi attaccano con ardimento, senza badare a rischi e perdite, il Forte non può essere difeso a lungo. Non vi sono traverse dalle quali fulminare gli assalitori, non v'è un'opera efficace ad arrestare il nemico, né v'è rifugio ove i difensori possano ritirarsi. Ha aggiunto, però, che ogni ora di resistenza in più da Sant'Elmo offerta, è di grande vantaggio per tutta l'Isola. Sua Signoria ha ascoltato la relazione ed il parere del

Capitano Miranda, riconoscendolo giusto ed ha insistito perché egli si rechi a Sant'Elmo, come suo Luogotenente e Governatore del Forte. Miranda ha risposto: "Dio mi guardi dall'accettare una carica cosí gravosa e priva di speranza; non voglio che si possa poi dire che ho perduto il Forte". Ma affinché Monsignore potesse aver prova del suo vivo desiderio di servire la Religione, ché questa servendo egli serve Dio ed il Re, ha chiesto di essere inviato a Sant'Elmo, come semplice soldato. É lieto di raggiungere quei valorosi Càvalieri, ai quali egli vuole offrire i suoi consigli, ed insieme con i quali è pronto a morire. Il Gran Maestro, pur dispiacente di constatare che Miranda non desidera alcuna carica speciale, ha accettato l'offerta cosí generosamente manifestata, e lo ha inviato a Sant'Elmo. Miranda, giunto al Forte, ha fatto dare il segno dell'arme per vedere la gente al posto di combattimento e sapere quanti uomini costituivano le riserve. Ha dato consigli e minuziose istruzioni; e per rialzare il morale degli uomini, ha chiesto a Sua Signoria di voler inviare denaro, perché nulla più del denaro piace ai soldati e li rende allegri. La somma richiesta è stata anticipata dal pio e devoto Vescovo di Malta: egli ha sempre favorito la Religione e pone ogni cura nello aiuto ai poveri e ai malati della Infermeria, ai quali non manca di inviare molti doni di conforto. Miranda ha richiesto anche barili di vino e, ricevuto il tutto, ha pagato gli uomini e ha aperto una taverna con tavoli da gioco, sí che la gente è tornata ad essere allegra e serena. É desiderio vivissimo del Gran Maestro di riconquistare il rivellino ed ha voluto mandare il Maresciallo e Fra' Costantino Castriota a conferire con Miranda per studiarne la possibilità. Ma son ritornati ed hanno riferito che è inutile sperare nella riconquista, perché sarebbero necessari molto più uomini di quanto il Gran Maestro possa disporne. Sua Signoria ha deciso di abbandonare il progetto, ma vuole che tutto sia tentato per salvare Sant'Elmo e la sua guarnigione.

5 giugno, martedí
Ieri notte, il Capitano Fantone, eseguendo un ordine del Gran Maestro, è sbarcato sul promontorio di Sant'Elmo, per incontrare una spia. Mentre era in attesa sulla spiaggia, la ciurma della sua barca, sentendo rumore, ha preso il largo e lo ha lasciato a terra. Fantone ha atteso fino all'alba, poi ha lasciato le armi e si è gettato a nuoto per mettersi in salvo. I nemici, conquistato il rivellino, hanno dato mano a rialzarlo. Impiegano pelli di capra riempite di terra e sono arrivati al livello delle mura di Sant'Elmo. I nostri uomini più volte, con sortite, sono riusciti a rimuoverne molte. Tuttavia il Turco ha portato a termine una piazzuola per due pezzi, e stamane ha cominciato a tirare su Sant'Elmo, frontalmente. Anche Dragut bombarda il Forte dalla sua parte. I Turchi, entrati nel fossato, vogliono alzare un ponte su antenne, proprio di fronte alla Posta di Mas. I nostri però, attraverso una troniera, hanno aperto il fuoco e la costruzione del ponte è stata abbandonata. Hanno allora preso a rimuovere pietre dal muro per formare degli scalini ed arrampicarsi sulla cima della Posta e, non contenti, tentano di piantare antenne per costruire un altro ponte di sotto al rivellino, fissandolo alla muraglia di fronte. I nostri, decidono di fare una sortita attraverso il fossato per incendiare il ponte, perché non è possibile tentare di farlo dall'interno del Forte, a causa dei molti archibugieri che sono sempre di fazione sul rivellino, con le arini puntate. Il combattimento è continuato gran parte della notte, ma, alla fine i nostri sono stati costretti a ritirarsi, non senza esser riusciti a bruciare tre delle cinque antenne del ponte. Tutti i Cavalieri e i soldati hanno bene operato, causando gran danno ai nemici. Abbiamo molti feriti e il Sergente di Medrano è stato ucciso. Il Gran Maestro è stato informato che il Balì di Negroponte soffriva per la ferita di freccia che aveva ricevuta il giorno in cui fu perduto il rivellino. Il Balivo ha fatto conoscere al Gran Maestro che, benché sofferente, non pensava di lasciare il Forte; però, se Sua Signoria voleva compiacersi di mandare una persona più valida per sostituirlo, egli avrebbe continuato a servire sotto gli ordini di questa. Desidera comunque di restare sempre in Sant'Elmo, come semplice Cavaliere, pronto, per la Religione, a sacrificare la vita. Anche il Governatore di Sant'Elmo, Fra' Luigi Broglia, è ammalato e molto vecchio: la continua tensione e l'ansietà hanno certamente influito sulla sua salute, per cui ha inviato a Sua Signoria un messaggio per dirgli che non abbia scrupolo di sostituirlo. Rinnegati hanno riferito che domenica, nella conquista del rivellino, i nemici hanno perduto 500 dei loro più addestrati soldati.

6 giugno, mercoledí
Le batterie nemiche sono molto attive. Quella di Dragut, con i suoi quattro pezzi, bombarda il Torrione che è isolato dal Forte e la batteria del rivellino bombarda il muro sulla destra. I pezzi di Marsa Muscetto bombardano la punta dello sperone di Mas, e la batteria generale bombarda frontalmente l'intera cortina ed anche il Torrione. Sotto lo stimolo di Dragut, i Turchi cercano continuamente di migliorare il loro tiro e puntano in tutte le direzioni, alla ricerca dei punti più vulnerabili. Non è lasciato un posto sicuro in tutto Sant'Elmo. A causa della ferita del Balì di Negroponte, il Gran Maestro ha disposto che il Colonnello Mas, sia Luogotenente del Balivo.

Informato, poi, che il nemico ha quasi portato a termine la costruzione di un secondo ponte, ha richiamato dalla Città Vecchia Fra' Giovanni Vagnone con un centinaio dei suoi soldati e li ha fatti entrare in Sant'Elmo. Il bombardamento continua violento giorno e notte. Le prime due batterie, piazzate sul promontorio di Sant'Elmo, fanno fuoco su Sant'Angelo, sulle imbarcazioni, sui mulini a vento e sulle case. Al fine di costruire il loro ponte più rapidamente e in completa sicurezza, i Turchi hanno accresciuta la guarnigione del rivellino con i più provetti archibugieri, affinché facciano buona guardia su coloro che lavorano al ponte o che sono nel fossato. La guarnigione di Sant'Elmo, vista l'ostinata determinazione dei Turchi, persuasa che sarebbe impossibile impedir loro di raggiungere quanto si sono prefissi, ha deciso di mandare il Capitano Medrano dal Gran Maestro, a riferire sulle condizioni della difesa e a far presente la convinzione di tutti che il Forte non può essere più a lungo tenuto: le opere sono quasi livellate, il ponte nemico è quasi ultimato, e infine, a causa dell'altezza a cui è giunto il rivellino che domina adesso l'intero Forte e dal quale i Turchi continuano a bombardare, non è più possibile opporre resistenza.

7 giugno, giovedì

Il Capitano Medrano è giunto a Birgu ed ha riferito al Gran Maestro su quanto era stato pregato di fare presente. Sua Signoria ne è rimasto turbato: egli è consapevole che quanto più a lungo Sant'Elmo è tenuto, tanto più aumenta la probabilità di salvezza per tutti e per l'Isola. La resistenza permette di aumentare le difese e di rafforzare quelle più deboli. Monsignore ha fatto tornare Medrano a Sant'Elmo perché comunicasse alla guarnigione che vi era ancora tempo per prendere una decisione così grave: egli chiedeva a tutti di fare il proprio dovere, come sempre avevano fatto, e assicurava di avere, per loro tutti, più sollecitudine di quanto essi stessi potessero pensare; secondo le informazioni ricevute, poi, fra breve sarebbero arrivati i soccorsi. Sono due giorni che i bombardamenti non danno tregua.

▲ 23 giugno 1565 - La presa e la caduta di Sant'Elmo. Incisione di Antonio Francesco Lucini, 1665 - Riikmuseum Amsterdam.

▲ Soldato ottomano con arco 1560 circa. Tratto da ..Türckey und gegen Orient, Nicolas de Nicolay 1572 - Heidelberg Biblioteca

8 giugno, venerdì

Stamane tutti i Cavalieri, o molti di essi, hanno scritto a Monsignore affermando che il rimanere a Sant'Elmo significava morte certa, ed imploravano Sua Signoria di permettere loro di uscire ed affrontare il nemico in campo aperto, perché se la fortuna li aiutava, essi avrebbero potuto distruggere o bruciare il ponte nemico e discacciare i Turchi dal rivellino, se invece non fossero riusciti, sarebbero almeno morti felici; in caso di disastro, l'acqua del Forte sarebbe stata avvelenata e i cannoni inchiodati. La petizione portava le firme di cinquanta Cavalieri. Tale risoluzione ha pesato duramente sul cuore del Gran Maestro, soprattutto perché, contro ogni regola, la richiesta veniva firmata da tanti Cavalieri: egli avrebbe preferito che uno o due si facessero interpreti del pensiero di tutti. Egli ha risposto ordinando loro, che se erano pronti ad andare incontro a morte sicura, ché morte avrebbero incontrato con la sortita, dovevano piuttosto rimanere e morire in Sant'Elmo. E questo per la salvezza della Religione, alla quale erano legati e per voto e per giuramento solenne. I Turchi vengono da tutte le direzioni per esplorare, ma giungono con tanta decisione che sembra voglian venire all'assalto. I loro uomini più arditi e meglio allenati tentano il passaggio del ponte. Avanzano con molto slancio, come se fossero sotto l'azione dell'afion, una certa mistura che, presa anche in piccola quantità, rende gli uomini privi della ragione, esaltati e incuranti di ogni pericolo. Certi del destino che li attende, i nostri uomini sopportano l'assalto con estremo coraggio: il posto più pericoloso appare il ponte, attraverso il quale i Turchi tentano di avvicinarsi ai gabbioni, che i nostri uomini difendono con ogni mezzo: spada, fuoco, pietre. L'attacco è durato sette ore e alla fine i Turchi si sono ritirati, lasciando sul terreno oltre 500 morti; sono quasi tutti Giannizzeri e Mazza-sette. Noi abbiamo perduto quaranta uomini, senza contare i feriti. Tutti i Cavalieri e i soldati di ogni Nazione hanno ben meritato. Dopo che i Turchi si sono ritirati, un rinnegato dalle trincee ha gridato in spagnolo: "Cavalieri, v'è andata bene anche oggi, ma presto avrete quell'assalto generale che mostrate tanto di desiderare, dal momento che non volete arrendervi". A Sant'Elmo sono arrivate le imbarcazioni per trasportare i feriti a Birgu. Il Capitano Juan de la Cerda, è rimasto ferito da un colpo di archibugio. Mentre i Turchi si ritiravano, egli stava, fra tante difficoltà, curando la sua ferita, quando fu dato ancora il segno dell'arme. Con grande coraggio e forza, si strappò le bende e ritornò al suo posto. Il suo Alfiere è a Birgu sino dal giorno della perdita del rivellino, perché il Gran Maestro lo ha tenuto prigioniero. Sua Signoria è costantemente tenuto informato delle condizioni precarie in cui versano le difese di Sant'Elmo: sa che i nostri uomini odono un sordo rumore di picconi sul lato destro, ove sorge il primo ponte e temono una mina. Quest'oggi, Monsignore ha inviato Fra' Francisco Ruyz de Medina spagnolo, Fra' Costantino Castriota italiano e Fra' Antoine de Flotte de la Roche francese, per accertarsi se il Forte può essere ancora tenuto. Quando i tre Cavalieri sono entrati in Sant'Elmo, hanno trovato la guarnigione che, certa oramai che il Forte sarebbe stato abbandonato, aveva già distrutto metà delle munizioni ed alcune armi, gettate le palle da cannone nella cisterna, e stava studiando come far saltare in aria il Forte, benché il Colonnello Mas fosse contrario a queste misure. Gli uomini di Sant'Elmo, appresa la ragione della visita dei tre Cavalieri, sono rimasti rattristati ed hanno voluto mostrare la pochezza delle difese, per quanto lo consentiva l'oscurità della notte che sopraggiungeva. Hanno poi, da soldato a soldato, chiesto ad ognuno dei tre inviati di esternare la loro opinione. Medina senz'altro ha espresso dubbi sul successo della difesa; La Roche, invece, pensava che vi poteva essere ancora qualche speranza, ma Don Costantino ha dichiarato decisamente che il Forte può essere senza dubbio tenuto, costruendo ripari e vie di ritirata al limite estremo della piazza. Tutti sono rimasti stupiti di questa affermazione ed hanno insistito, dicendo che la piazza è troppo ristretta, che mancano materiali anche per una modesta difesa e che le posiizioni dei Turchi, oramai, sovrastavano quasi tutte le opere. Facessero conoscere i tre inviati con quali mezzi avrebbero potuto difendersi: attendessero fino al mattino, quando avrebbero potuto meglio esaminare i posti e presentare così al Gran Maestro ed al Consiglio un preciso resoconto della situazione. Essi non vedevano né via né mezzo per salvare il Forte e conclusero: "Poiché, signori Cavalieri, dite che questo è possibile, rimanete con noi e mostrateci come fare, ché in tal caso, noi siamo decisi a difendere Sant'Elmo fino alla morte".

Don Costantino ha risposto che non poteva rimanere, perché non era stato colà inviato a questo scopo, ma il Colonnello Mas fu lesto a chiudere la porta del Forte e giurò che essi sarebbero rimasti, lo avessero o no voluto. I tre Cavalieri, allora, con parole più blande, hanno chiesto il permesso di partire, promettendo di riferire al Consiglio in modo tale da far giungere l'ordine di ritiro della guarnigione. I Cavalieri e i soldati, ad una voce hanno replicato che in mezzo a loro non vi è un solo uomo che abbia temenza di morire. Se il Balì di Negroponte non avesse trovato uno stratagemma, i tre Cavalieri sarebbero stati costretti a rimanere nel Forte. Il Balì, sapendo che tutto questo avrebbe turbato il Gran Maestro, fece dare il suono dell'arme ed ogni uomo corse al suo posto di combattimento. Così i tre Cavalieri poterono lasciare Sant'Elmo. Arrivati al Borgo a mezzanotte, il Consiglio si è subito riunito. I Cavalieri hanno riferito sull'accaduto ed hanno aggiunto che quanto era stato riportato intorno alla mina non corrispondeva a verità, poiché i Turchi avevano soltanto rimosso alcune pietre dai muri e scavato caverne per trovarvi riparo. Le opinioni al Consiglio sono state molte, ma finalmente è stato deciso, seguendo il parere del Gran Maestro, condiviso anche dall'Ammiraglio, che Sant'Elmo non deve essere abbandonato, ma se ne devono invece rafforzare le difese. Don Costantino si è offerto di organizzare la difesa ed il Gran Maestro lo ha pregato di manifestare la sua opinione durante la riunione del Consiglio che si terrà domani.

9 giugno, sabato

Questa mattina, arrivato il momento di mettere in discussione il destino di Sant'Elmo al terzo Consiglio, due nuotatori sono arrivati dal Forte, uno dopo l'altro, ognuno portando un messaggio. Nel primo è detto che gli uomini di Sant'Elmo sono tutti in uno stato di grave turbamento e di ansietà e chiedono che si provveda a rilevarli dal Forte. Con il secondo sembra quasi che i Cavalieri rimproverino il Gran Maestro ed il Consiglio di non aver disposto per l'abbandono di Sant'Elmo e di non aver provveduto ad inviare quanto era stato richiesto per la difesa. Se riceveranno rinforzi, sono risoluti e ben decisi a difendere il Forte fino alla morte; mandano il messaggio perché sono stati informati che Don Costantino si è offerto di andare a difendere il Forte; il suo arrivo, oramai, suonerebbe offesa per tutti i Cavalieri e per tutti i soldati. Don Costantino ha ripetuto in Consiglio che, se gli danno 500 uomini e munizioni, egli è pronto alla difesa di Sant'Elmo, a condizione, però, che gli sia lasciata mano libera e piena autorità su i Cavalieri che devono andare con lui. Benché alcuni siano del parere che il Forte debba essere abbandonato, l'offerta di Don Costantino viene accettata. Il Gran Maestro gli ha dato facoltà di armolare gente. E Don Costantino, sulla piazza del Borgo, ha levato la sua insegna ed ha fatto battere i tamburi per arruolare volontari. Il denaro per il pagamento di questi uomini viene dato dal Vescovo e pare che ammonti a 2.000 ducati. Oggi stesso Sua Signoria, rattristato che gli uomini di Sant'Elmo, del cui valore aveva avuto tante prove, volessero lasciare il Forte, ha scritto ai Cavalieri ricordando loro le promesse fatte quando presero l'abito; a Miranda ha ricordato la fiducia sempre in lui riposta e lo ha pregato di persuadere tutti a perseverare nella difesa di Sant'Elmo, poiché anche egli ben conosceva quanto Don García aveva promesso. Miranda, ricevuto il messaggio, e chiamato il gran rapporto, insieme con il Balivo, ha arringato la guarnigione con tanta eloquenza, che tutti concordi, hanno detto che non avrebbero più lasciato il Forte, ma che rinforzi e munizioni dovevano essere loro inviati e che tutti sarebbero morti a Sant'Elmo. Un messaggio è stato indirizzato al Gran Maestro per comunicare la loro decisione. Monsignore immediatamente ha inviato un centinaio di soldati sotto Orazio Martelli, con denaro e munizioni; e allo scopo di trarre in inganno il nemico facendo credere che entravano nel Forte grandi forze, il gruppo ha dato al vento molte insegne di Compagnia. Vi sono andati anche 15 Cavalieri tra cui: Fra' Giovan Battista Montalto, Fra' Marzio d'Abenate, Fra' Bernardo Capece, Fra' Scipione Orsini e Don Scipione de Sangro, tutti napolitani, che si sono offerti spontaneamente. Nei giorni passati il Commendatore Melchor de Montferrat si era recato di sua iniziativa a Sant'Elmo per vedere cosa accadeva. In molte occasioni aveva sostenuto con il Gran Maestro, che il Forte non doveva essere abbandonato. E adesso Sua Signoria, alla ricerca di una persona di qualità da mettere al posto di Broglia, ha domandato a Montferrat se accettava la carica. Montferrat, prontamente, si è dichiarato disposto a fare tutto ciò che richiede il servizio di Dio e della Religione. Il Gran Maestro ed il Consiglio lo hanno subito inviato a Sant'Elmo. Il Cavaliere de Montferrat è accompagnato dal nostro predicatore, un frate dell'Ordine di San Francesco, pio e devoto religioso. Non appena hanno raggiunto Sant'Elmo, il frate ha tenuto un sermone alla guarnigione, incoraggiando ed incitando la gente al combattimento. Tutti si sono sentiti più forti, consolati e preparati ad ogni evenienza. Il vecchio Governatore ed il frate sono quindi rientrati a Birgu. Il Gran Maestro, temendo intanto più gravi rovesci, oltre a quello della possibile perdita di Sant'Elmo, ha ordinato la costruzione d'una piattaforma ai mulini a vento di San Michele e l'ha fatta rafforzare con terra e pietre. La piattaforma è stata costruita su un'altura, così da servire di appoggio alla Posta di Don Francisco de Sanoguerra, che è molto debole e molto esposta. Due grossi cannoni e due medi sono stati piazza-ti: gli uni messi a mira sulla Marsa e gli altri sulla imboccatura del Porto. Il Cavaliere Fra' Asdrubale de' Medici ha assunto il comando della batteria, con alcuni Cavalieri italiani e qualcuno dei suoi soldati. Per sopperire alle continue perdite di Sant'Elmo, poiché in un sol giorno i nemici hanno ucciso ventuno delle nostre sentinelle, Sua Signoria ha chiesto al Governatore della Città Vecchia di inviargli alcuni degli uomini che si erano colà rifugiati. È rimasto ferito il Commendatore Sagra. Al suo posto è andato il Balivo Fra' Antonio Grugno.

▲ Ritratto di Jean Parisot de La Valette, Gran Maestro dei Cavalieri di Malta. Mathis Zündt 1566 - Rijksmuseum Amsterdam

10 giugno, domenica

Stamane, il Gran Maestro ha inviato munizioni a Sant'Elmo: in aggiunta ai soliti tipi, ha inviato molti pezzi di una nuova invenzione, che si dice esser dovuta a Fra' Ramon Fortun. Si tratta di grandi cerchi, come quei delle botti, che vengono coperti da stoppa usata per calafatare. Bene avvolta la stoppa, i cerchi si immergono nei caldai di pece bollente, si lascia che bene si imbevano e si fanno poi raffreddare. Raffreddati, si ritorna ad avvolgerli di stoppa e ad immergerli, fino a quando essi hanno preso lo spessore di un buon palmo. Durante gli assalti, si dà fuoco ai cerchi e si lanciano sugli assalitori. Portano devastazione e morte per le fiamme e la pece che schizza tutto intorno. Il nemico trasporta e getta nel fossato grande quantità di terra e fascine; i turchi che sono vicini al punto dove è il ponte, hanno piazzato scale, così da raggiungere quasi la Posta del Colonnello Mas. Durante la notte, Cavalieri e soldati hanno fatto una sortita e, a dannazione dei Turchi, hanno bruciato una parte del ponte. È da stamane che i Turchi bombardano con tutte le batterie: a mezzogiorno hanno fatto una ricognizione in forza, quasi un assalto generale. Si è combattuto con ostinazione. I Turchi si sono ritirati, però, con gravi perdite, mentre da parte nostra abbiamo avuto qualche morto e molti feriti. Ritiratisi, il bombardamento è ricominciato violento. Alla terza guardia di notte, sono ancora tornati, portando un gran numero di scale. Si sono issati sul ponte e sullo sperone di Mas, urlando e lanciando fuochi lavorati, che è cosa spaventosa. L'oscurità della notte è rotta dallo scoppio ininterrotto di razzi, di pignatte, tanto che noi da San Michele possiamo vedere chiaramente ogni cosa e i cannonieri di Sant'Angelo e delle altre Poste riescono a puntare con precisione, tanto vivo è il chiarore. L'assalto è durato sino alla diana del giorno, quando i Turchi si sono ritirati, subendo una perdita di almeno 1.000 uomini, quasi tutti colpiti dai nostri cerchioni di fuoco e dalle pignatte. Noi abbiamo settanta morti e molti feriti, inviati subito al Borgo. Cavalieri e soldati di ogni nazione hanno combattuto con grande valore, come era da attendersi: ma i forzati e i buonavoglia non sono stati da meno.

11 giugno, lunedì

Oggi, tra le undici e mezzogiorno, i nemici, pur doloranti sotto il peso delle perdite subite, hanno ripreso a bombardare con rinnovata furia; fino allora erano stati occupati a ricuperare i loro morti, mentre dal canto nostro, eravamo intenti a seppellire i nostri e a mandare i feriti alla Infermeria, dove in breve ne sono stati ospitati più di duecento. Ieri notte il Gran Maestro ha mandato 150 uomini a Sant'Elmo con munizioni e con grandi quantità di sacchi, materassa, basti da mulo, matasse di corde, il tutto per essere utilizzato, in luogo delle fascine, nell'apprestamento delle difese.

12 giugno, martedì

Al Borgo non si perde tempo nel rafforzare ogni punto. Durante tutto il giorno il nemico si è limitato a bombardare tutte le Poste. Gli uomini di Sant'Elmo si riparano meglio che possono, ma non hanno un attimo di riposo. Da uno dei nostri cannoni di Sant'Elmo è stato ucciso Cortogulí, personaggio importante, mentre era intento, ritto sulla trincea, ad osservare gli effetti del tiro. Bajada è giunto dalla Città Vecchia. Bajada è un maltese, già schiavo in mano dei Turchi, e parla correntemente la loro lingua; è un ottimo nuotatore e rende segnalati servigi. Ci ha portato la notizia che i cavalieri hanno catturato un Giannizzero e due Sciaiali. Questi hanno detto che le perdite subite ieri notte sono state gravissime: molti dei loro feriti sono moribondi: nel loro campo le provviste sono molto scarse, tanto che la razione giornaliera, su cui gli Sciaiali possono contare, non arriva a più di undici once di biscotto e molti muoiono di dissenteria. Ieri, poi, il Pascià ha fatto salpare una maona e quattro galere per Tripoli: trasportano feriti per riportare, poi, provviste, perché scarseggiano di miele, olio, uva, grasso ed altre cose che usano mangiare. A prima sera, mentre il sole calava, Dragut è salpato da Marsa Scirocco con sessanta navi. Ha seguito la costa fino al traverso di Punta delle Forche e quindi ha diretto per la Sicilia. Però, a notte alta, è ritornato al primo ancoraggio. Avrà forse, con la sua manovra, tentato di ingannarci.

13 giugno, mercoledì

Un rinnegato ci ha raccontato del grave disaccordo esistente fra il Pascià e i Giannizzeri. Il Pascià accusa questi ultimi di vanagloria: chiamano sé stessi figli del Sultano, mentre non hanno nemmeno il coraggio di conquistare un piccolo forte in rovina, contro il quale è addirittura piazzato un ponte. I Giannizzeri hanno replicato che quando il bombardamento avrà livellato le difese, essi sapranno mostrare quanto siano degni della reputazione conquistata. I Turchi non hanno cessato di bombardare Sant'Elmo giorno e notte. Non passa ora che non diano il segno dell'arme e vengano in forza a riconoscere: ci sono perdite da una parte e dall'altra ed i difensori non hanno un momento di pace.

14 giugno, giovedì

I Turchi bombardarono senza interruzione e continuano ad accumulare nel fossato grandi quantità di terra e di fascine, che i nostri uomini disperatamente tentano di bruciare. La nostra artiglieria ha ucciso l'Aga dei Giannizzeri, che percorreva le trincee.

15 giugno, venerdì

Nella mattinata il nemico è venuto all'assalto. Dopo quattro ore si è ritirato con gravi perdite. Nel pomeriggio, è tornato ostinato all'attacco che ha protratto fino al calar della sera con grande violenza. Le perdite sono state gravi per ambo le parti. Più di 400 turchi e sessanta cristiani sono rimasti uccisi e parecchi dei nostri feriti. Questi sono stati subito portati a Birgu. I Capi di Sant'Elmo hanno inviato un messaggio al Gran Maestro per informarlo di quanto occorre e per dargli avviso che hanno motivo di attendersi un assalto generale per domani. Chiedono che siano inviati rinforzi di uomini, di provviste e di materiali. Sua Signoria ha esaudito subito le richieste, e questa notte stessa son giunti a Sant'Elmo uomini con ogni sorta di munizioni per la difesa e con provviste di tutti i generi. Durante la notte il nemico non ha cessato di bombardare, sparando a caso, e molti falsi allarmi sono stati dati per tenere i nostri all'erta ed impedire loro di riposare e di lavorare alle difese: i continui allarmi, infatti, li obbligano a restare sempre pronti ai loro posti. È evidente che l'attacco è prossimo. Una delle tante difficoltà per i nostri uomini è di riuscire a procurarsi la terra, perché il continuo bombardamento ha disperso quella accumulata nel Forte prima dell'arrivo dell'armata turchesca. Durante i lavori di sterro per ottenerne, molti zappatori sono rimasti uccisi.

16 giugno, sabato

All'alba, i nemici sono venuti all'assalto da ogni parte. Per tutta l'intera notte avevano gridato e urlato. È il loro modo di pregare. Due ore prima del levar del sole, i loro Imani hanno dovuto assolverli dai loro peccati, esortandoli a ben combattere ed a morire per la falsa loro fede. Così almeno appariva, perché prima sentivamo uno che cantava e, poco dopo, tutto l'accampamento che rispondeva. Hanno continuato così fino allo spuntar del sole, momento che doveva esser fissato per l'attacco: i nostri stanno aspettandoli, ormai certi di quel che deve accadere. Il suono delle trombe, il rullare dei tamburi, lo stridore dei clarini, dei cembali e di tutti i loro strumenti militari, è tanto forte, che fa pensare al giorno del Giudizio. Vengono all'assalto con feroce decisione, ma sono ricevuti con non minore decisione e con più coraggio e costanza. Oggi si sono impiegati, da ambo le parti, ogni sorta di armi incendiarie, aumentando, così, la distruzione e la morte. E per sventura, i nostri subiscono più danno dal nostro stesso fuoco che dalle armi nemiche, a causa di un fresco ponente che spinge e fiamme e fumo negli occhi dei difensori, tanto da non permetter loro di vedere. E la malasorte, non contenta, ancor più si accanisce contro di noi. Tutti i fuochi lavorati si sono incendiati: e i difensori non solo sono rimasti senza tanto utili ordigni, ma molti di loro sono morti bruciati. Al culmine del combattimento, più di trenta nemici sono riusciti a raggiungere la punta dello sperone del cavaliere verso Marsa Muscetto, per la scala che avevano fatto, dove è la Posta del colonnello Mas. Il Gran Maestro, da Sant'Angelo, ha seguito tutto ed ordina che sia aperto il fuoco per soccorrere i difensori. Ma, sia per la fretta, sia per il turbamento che in tali confuse occasioni si genera, gli artiglieri hanno puntato troppo sulla destra ed i colpi hanno ucciso otto dei nostri uomini. Il contrattempo poteva addirittura esser causa della perdita di Sant'Elmo. Ma Cavalieri e soldati hanno tanta tenacia, tanto valore, tanto coraggio, che tengono duro e riescono a segnalare l'errore nel tiro. La mira è stata corretta e i successivi colpi sono caduti in mezzo ai Turchi che erano sulla cima e ne hanno uccisi più di venti. I nostri si son gettati addosso ai restanti con picche e tromboni e li hanno precipitati abbasso, morti. Nessuno si è salvato. Da San Michele, si è visto uno dei nostri far meraviglie con la sua tromba di fuoco. L'attacco è durato sette ore ed il nemico ha sempre disposto di gente fresca. È piaciuto a Nostro Signore che si siano ritirati, dopo aver perduto più di 1.000 dei loro uomini migliori. Son morti quest'oggi 150 Cristiani; i feriti sono molti di più. Il Capitano Miranda è stato ferito, ma non si è ritirato; seduto su di uno sgabello, vicino alla batteria, ha fatto il suo dovere fino all'ultimo. Tutti dicono che non solo i Cavalieri, i Maltesi ed i soldati si sono battuti valorosamente; ma anche i forzati e i buonavoglia si sono comportati come persone degne della massima stima. Le nostre imbarcazioni hanno trasportato subito a Birgu i feriti e le salme di alcuni Cavalieri. Vi era anche il corpo di Medrano. Il Gran Maestro ha ordinato che sia seppellito nelle tombe riservate ai Cavalieri della Gran Croce; è questo il più grande onore che si possa riservare ad un uomo che ha ben meritato. I nostri uomini si sono impadroniti di tre stendardi, due interi ed uno lacerato. Uno appartiene al Serraschiere ed un altro a Dragut. Nella notte, Sua Signoria ha inviato al Forte il Cavaliere Fra' Laurent de Beaulieu-Jarnier con 150 soldati e molti guastatori. Ha fatto pervenire un grosso carico di materassi, grosse coperte, gomene e vele, da usare per fare ripari, perché quei di Sant'Elmo non hanno più materiale per costruirne. I nemici, nella notte, hanno bruciato gli alloggiamenti che avevan posto nel

▲ Stendardo dei Cavalieri di Malta

Casale di San Giovanni, tra l'accampamento e la flotta. Quando avevano abbandonato quegli alloggiamenti, dove erano anche grandi depositi di munizioni, noi avevamo pensato che si preparassero alla partenza. Invece era loro divisamento di concentrare le forze, dopo la perdita subita di oltre 4.000 uomini e dei migliori. Due saettie sono partite alla volta di Sicilia: una è stata catturata dai Turchi, ma la gente si è salvata a nuoto. Fra' Fernando de Heredìa e Fra' Juan Mascòn mi hanno detto che, se i Turchi fossero venuti una sola volta ancora all'assalto, Sant'Elmo sarebbe stato perduto; non v'era più fra i difensori un solo uomo che riuscisse a reggersi in piedi, tanto era stanco.

17 giugno, domenica

Stamane, festa della Santissima Trinità, i Turchi hanno iniziato il bombardamento dello sperone dalla parte di Libeccio, con sei pezzi della batteria generale. Hanno insistito durante tutto il giorno; le altre batterie tacciono. Intanto recuperano i loro morti nel fossato e li interrano. La situazione di Sant'Elmo è estremamente pericolosa, quasi disperata. Tuttavia, dodici Cavalieri italiani, ricevuto il permesso dall'Ammiraglio, si sono recati dal Gran Maestro e si sono offerti per andare a Sant'Elmo perché là vogliono spendere la loro vita, così come è loro dovere, per il servizio di Dio e per la Religione. Il Gran Maestro ha apprezzato la loro offerta, li ha elogiati, ma non li ha fatti partire, assicurandoli che non sarebbe mancata l'occasione di mostrare il loro valore. In verità il Capitano Miranda ha scritto che tutta la gente che si trova a Sant'Elmo è perduta.

18 giugno, lunedì

Il nemico ha continuato il bombardamento aggiungendo ancora due pezzi alla batteria che tira contro lo sperone; e gli otto pezzi non cessano un momento di sparare, giorno e notte. Come se ciò non bastasse, hanno piazzato, si dice dietro consiglio di Dragut, una batteria al di sotto di una grotta, e stanno scavando una trincea che dalla controscarpa del fossato mena alla spiaggia di fronte a Sant'Angelo, vicino al luogo, ove, di solito, sbarcano gli aiuti che dal Borgo il Gran Maestro manda a Sant'Elmo. Se questa trincea sarà portata a termine non sarà più possibile fare arrivare soccorsi al Forte. Avvisato di questo, Monsignore, da uomo che conosce il suo destino, ha reso molte azioni di grazia a Nostro Signore per non aver permesso ai Turchi di scoprire prima di oggi il nostro segreto, perché se avessero potuto, fin da principio, impedire l'invio dei soccorsi, in quattro giorni Sant'Elmo sarebbe caduto. Sant'Elmo non era mai stato considerato una piazzaforte: non vi sono magazzini, né depositi di munizioni; vive, come si dice, con la mano alla bocca e se i Turchi non lo prendono per forza, possono averlo per fame. Ad onta di tutto, Sua Signoria non perde la speranza di ricevere soccorso, perché Don García lo ha promesso ed è accertata la sua volontà di soccorrere l'Isola. Nostro Signore si è compiaciuto di dare una certa consolazione a Monsignore, attraverso le notizie che un rinnegato lombardo ha portato a Birgu. Costui ha detto che Dragut è morto. La notizia ha suscitato in tutti grande allegria. Ha raccontato, e se mentiva, che il Gran Maestro lo facesse impiccare, di averlo visto a terra, con il cervello che gli usciva dalla bocca, dalli nari e dalle orecchie, tanto che non aveva più alcuna possibilità di vita. La notizia è stata confermata questa notte da altri rinnegati venuti alla Posta di Sanoguerra. Dragut è morto così: mentre stava nella controscarpa in una doppia trincea, poiché i Turchi costruiscono le trincee doppie per paura di incamiciate, egli si accorse che i suoi cannonieri puntavano troppo in alto, ed ordinò di abbassare la mira; ma come essa risultava ancora troppo alta, insistette nell'ordine. Mentre, in piedi, voltata la schiena ai cannoni, osservava il fuoco, un colpo di un pezzo che in quel momento aveva abbassato il tiro, raggiunse la trincea a lui davanti ed una scheggia di roccia lo colpì alla testa. Il turbante non bastò a proteggerlo dal colpo mortale, che uccise anche il Maestro di Campo Generale delle forze turche, Soli Aga. Si è anche saputo che fra i nemici che si battevano allo sperone della Posta del Colonnello Mas, vi erano uomini d'importanza, Sanjaz-Bey, Capitani di Fanale e Capitani di terra. I lavori a Birgu e a San Michele non sono mai sospesi né di giorno né di notte, senza badare a risparmio, a fatica.

19 giugno, martedì
I Turchi, aggiunti altri due pezzi agli otto già in postazione, bombardano lo Sperone e lo battono così forte che lo hanno quasi livellato. Oramai è facile scalarlo. Sant'Angelo non ha mai trascurato di battere la nuova trincea che il nemico sta costruendo per aver sotto tiro il punto dove sbarcano i nostri soccorsi, ma con scarsi risultati, e perché essa è defilata alla vista e perché il bombardamento è troppo intenso e furioso. Tutti i difensori di Sant'Elmo si affaticano e fanno di tutto per riparare le incassate con materassa, coperte, vele bagnate con acqua di mare, in modo da difendersi dal lancio dei fuochi lavorati. Questa notte, o per sfortuna o per tradimento, a Sant'Angelo un piccolo mulino della polveriera è saltato in aria per l'incendio di un quintale di polvere. Otto persone che lavoravano ed altri che lì presso dormivano sono rimaste uccise. Quando i Turchi hanno visto le fiamme, ritenendo che il danno fosse più grande di quello che era, hanno alzato alte grida di gioia. Il Gran Maestro ha comandato di sparare qualche dozzina di colpi di cannone per disilluderli. Si sono subito calmati.

20 giugno, mercoledì
Oggi la nuova piattaforma destinata dal nemico ad impedire l'attacco delle barche che portano gli aiuti a Sant'Elmo, è stata completata ed alcuni cannoni vi sono stati piazzati. Durante tutta la giornata il nemico ha bombardato ogni punto. Continua a lanciare terra e fascine nel fossato; ha tagliato a questo scopo i pochi alberi rimasti nell'Isola. I nostri uomini hanno fatto una sortita per dar fuoco alle fascine, ma con poco successo, perché sono bene impastate con terra.
La situazione di Sant'Elmo peggiora di ora in ora. Le nostre barche non possono più avvicinarsi ed attraccare per il fuoco della batteria, e Sua Signoria non può più aver nuove né darne.

21 giugno, giovedì
È la festa del Corpus Domini. I Turchi bombardano tutte le Poste senza alcuna interruzione e preparano nuovi apprestamenti per la espugnazione di Sant'Elmo. Non manchiamo di onorare in questo giorno un Mistero così alto, con la più grande divozione e nel miglior modo che possiamo. Il Gran Maestro ha preso parte alla processione, portando una delle aste del baldacchino con i Cavalieri della Gran Croce. Il Vescovo portava l'Ostensorio e tutti i Cavalieri, Commendatori, soldati, esclusi quelli di guardia alle Poste, e tutte le donne ed i bambini si sono a noi uniti, per implorare da Nostro Signore che voglia concederci la liberazione. La processione ha seguito un itinerario diverso da quello consueto per passare al coperto dal fuoco nemico. Oggi a mezzogiorno, Monsignore, con il bastone di comando in mano, indossando una rozza tovaglia, ha servito il pranzo a tredici poveri. I Cavalieri hanno portato da mangiare ai bisognosi che ne son privi, secondo la tanto divota e preziosa usanza della Religione. I Turchi non cessano di scorrere l'Isola. Si sono scontrati con uno squadrone di più di venti maltesi. Venutane nuova al Cavaliere Tomàs Coronel ora al comando della cavalleria, questi, insieme con

il Cavaliere Vincenzo Anastasi, il quale ha sostituito Fra' Giovanni Vagnone, è uscito dalla Città Vecchia con cavalieri e fanti ed ha aiutato i Maltesi, uccidendo molti turchi. A Sant'Elmo, i difensori non si stancano di metter in opera ogni artifizio per distruggere il ponte nemico. Hanno provato a colpirlo dal basso con un cannone e con i falconetti, ma senza successo. Un soldato italiano, Pietro da Forlì, si è fatto calare con una corda per tentar di dar fuoco al ponte con una azza di fuoco: ma, giunto al basso, nulla ha potuto fare, perché il ponte è ben coperto da terra bagnata. Non è più possibile recar aiuto a Sant'Elmo. Le opere dal nemico costruite sul cavaliere dominano l'intero Forte. I suoi migliori archibugieri sono sempre all'agguato. Appena qualcuno si mostra, è colpito. Non si può oramai più sloggiarli dalla posizione. Miranda ha informato di tutto il Gran Maestro.
Sappiamo che Sua Signoria Illustrissima ha poca speranza di salvar Sant'Elmo; non può più in nessun modo aiutarlo né con nessuna forza. Non resta che pregare di continuo Nostro Signore ed implorarlo di avere pietà di noi e dei nostri fratelli, non per i nostri meriti, ma per la sua infinita clemenza. Che Iddio Signore non permetta ai nemici della sua Santa Fede di trionfare sopra la sua gente.

22 giugno, venerdì
Durante l'intera notte il nemico ha bombardato e continuamente ha dato il segno dell'arme. Tutto lascia prevedere l'attacco imminente. È l'alba, i Turchi avanzano per un terzo assalto generale con impeto e furia. Urlano con accenti bestiali da superare il rombo delle cannonate. É il più crudele e sanguinoso assalto che avessero osato mai fare. Coperti dal tiro dei cannoni, attaccano dal ponte. Non vi è punto di muraglia sulla quale non siano issate scale. Il combattimento infuria con estrema violenza, coraggio e gravi perdite. Il punto dove la mischia preme più acerba è sul ponte e ai salienti del bastione di Mas, dove i Turchi forzano per penetrare nell'incassata, superando i gabbioni che hanno agganciato con uncini e corde per farli precipitare nel fosso. I nostri sostengono l'attacco a spada, fuoco e pietre; manca la polvere; impiegano polvere da cannone; prendono le fiasche dai morti per caricare gli archibugi e tirano sui Turchi che sono già alla Posta di Mas. Subiscono le perdite maggiori dagli archibugieri nemici che, al riparo della trincea, tirano sui Capi e sui Comandanti. Ma in Sant'Elmo nessun Capitano è più in vita. Cinquecento uomini son morti: quasi tutti son feriti, torturati dal peso dell'armatura, dall'afa, dalla sete, senza speranza di soccorso. A sera, hanno inviato uno di loro, a nuoto, dal Gran Maestro, a dirgli che non v'è uomo che non sia coperto dal suo sangue e dal sangue del nemico, che non vi sono munizioni di nessuna sorta. Dio sa cosa abbia sentito in cuore il Gran Maestro ma, per non togliere animo ai presenti sulla piazza d'armi, si è rivolto loro, sereno ed ha detto: "Gli uomini di Sant'Elmo hanno dato ai Turchi una buona lezione. Ho fiducia in Dio che il Turco mai avrà a prendere il Forte". Ed ha ordinato, pur conoscendo la grande difficoltà, di tentare un soccorso. Si pensa di inviare una galera disalberata. Ma Capitan Fantone, Fra' Rostand de Questor-Laudun, il Capitan Villavecchia ed anche Romégas, che si sono avventurati su barche, sono incappati in ottanta galere alla fonda davanti alla punta dell'Arenella che hanno aperto il fuoco su di loro. Nella notte quei di Sant'Elmo, convinti oramai di non poter più ricevere soccorso, decidono di morire servendo Nostro Signor Gesù Cristo e vanno l'un l'altro confortandosi. Anche se esausti, non riposano: tentano di migliorare le difese, quantunque non sia più possibile procurarsi nemmeno l'acqua per inumidire i ripari. Il nemico continua a bombardare. E quegli uomini per i quali domani potrà essere l'ultimo giorno sulla terra, si confessano l'uno con l'altro e implorano Nostro Signore di avere pietà delle anime loro, per amore del Sangue che egli ha versato per redimerli. Udiamo chiara la campana della chiesetta di Sant'Elmo.

23 giugno, sabato
Stamane, vigilia della festa di S. Giovanni Battista, Santo protettore della Religione, al levar del sole, i Turchi hanno sferrato l'ultimo assalto. I Giannizzeri sono i primi ad entrare nel Forte, attraverso il Torrione alto e fanno cadere pietre sui nostri uomini che difendono il ponte. Gridano ed eccitano gli altri ad entrare, poiché non c'è più nessuno ai posti di difesa, e continuano a tirare dovunque, sulla punta dello sperone, sul ponte. I nostri uomini, oramai pochissimi e tutti feriti, circondati, non sono più in grado di far fronte; si ritirano verso la chiesa. Pensano, forse, che possa ancor esserci possibilità di ragione umana o di accordo con quei barbari cani. Ma, visto che i Turchi entrando, decapitano e sgozzano senza misericordia i feriti che giacciono a terra, si precipitano in piazza d'armi e lì con estremo valore, finiscono la vita ben spesa. Vediamo in Sant'Elmo scendere lo stendardo di San Giovanni ed al suo posto salire la bandiera del Sultano. La campana del Forte ha cessato di suonare. I Turchi piantano bandiere, banderuole, guidoncini, come è loro costume intorno alle mura e sugli spalti conquistati.

Per resistere alla furia dell'attacco turco, portato con tanta ostinatezza sarebbe stato necessario una numerosa guarnigione e migliore difesa. Dio solo sa quanto la perdita di Sant'Elmo addolori il Gran Maestro e tutti, benché sia stato da noi valorosamente perduto e a tanto caro prezzo dai nemici conquistato. Hanno impiegato però più di trenta giorni per ridurlo alla resa; e più di

18.000 colpi di cannone e il Basilisco subendo la perdita di circa 6.000 dei loro migliori soldati e tra questi Dragut ed altri Capi d'alto grado. A tanto prezzo essi non hanno, poi, gran motivo di rallegrarsi. Qualche maltese si è salvato gettandosi a nuoto ed ha riferito che i pochi uomini hanno resistito per quattro ore; forse i Turchi non sarebbero entrati, se un tamburo di Medrano, disertore da Sant'Elmo, non avesse detto al Pascià quanto pochi fossero i superstiti nel Forte. Soltanto otto Cavalieri di tutte le Lingue sono sopravvissuti, ma caduti schiavi. Feriti, giacevano al posto di guardia all'ingresso del fossato, dietro la Chiesa; lí sono stati catturati dai Corsari. Se i Giannizzeri li avessero visti, senz'altro li avrebbero sgozzati. Ma i Corsari li hanno nascosti, e benché Mustafà li reclamasse, essi non li hanno ceduti, per intascare il prezzo del riscatto. I Cavalieri sono Fra' Lorenzo de Guzmàn, Fra' Juan de Paternoy, Fra' Francisco Vique, Fra' Honòrado Fernàndez de Meza spagnoli; Fra' Pietro Guadagni, Fra' Francesco Lanfreducci e Fra' Baccio Carducci italiani e Fra' Molubech francese. I maltesi, giunti a nuoto, hanno anche riferito che il Balì di Negroponte, Montferrat, Mas e Miranda, benché feriti, hanno mantenuto il loro indomito spirito fino alla morte. La flotta turchesca, dopo la caduta di Sant'Elmo, è partita da Punta delle Forche ed è entrata in Marsa Muscetto, tra grandi dimostrazioni di gioia. Le galere non hanno sparato, eccettuata la nave ammiraglia che era in testa e ha sparato due colpi. Si pensa che essi non abbiano tirato per non dar polvere al vento, al contrario di quanto noi cristiani facciamo, quando, sparando troppi colpi a salva, sprechiamo tanta polvere che sarebbe più utile in altre occasioni. Questa notte i Turchi hanno acceso grandi fuochi alla Marsa. Non so se anche loro hanno costume di onorare il Battista o se lo abbiano fatto per festeggiare la caduta di Sant'Elmo; ma so che ciò ha addolorato tutti, perché quela festa non è davvero simile a quella che i Cavalieri celebrano in onore del loro Santo Patrono.

Sono morti a Sant'Elmo 1.500 uomini di tutte le Nazioni. I Cavalieri caduti sono 107, 15 i Fratelli Serventi e 2 i Cappellani. Ne ho trascritti fedelmente i nomi.

▲ 23 giugno altra immagine della presa di Sant'Elmo da parte dei turrchi. Affresco di Matteo Perez d'Alezio, 1547-1614.

Della Lingua di Provenza sono caduti:

13 Cavalieri: Fra' Pierre de Massués-Vercoiran detto Le Mas, Fra' Gaspard de la Motte, Fra' Louis de Macanan, Fra' Louis de Puget-Fuveau, Fra' Jean de Chàteauneuf-Moléges, Fra' Honoré de Vintimille-Figueniéres, Fra' Aimery de Cordurier-La Pierre, Fra' N. d'Aulx, Fra' N. du Colombier, Fra' Louis de Massués-Vercoiran, Fra' Jean de Gelon d'Urre-Bans, Fra' Jean de Gozon d'Orlionac, Fra' Antoine de Chàteauneuf d'Entraigues.

2 Serventi d'Arme: Fra' Jean de Pierre Feu e Fra' Dimitri Chenault.

Della Lingua d'Alvernia sono caduti:

8 Cavalieri: Fra' Abel de Bridiers de Gardampes, Fra' Laurent de Beaulieu-Jarnier, Fra' Louis d'Orgerolles de Sainte Polque, Fra' Jean de Rachel-Vernatel, Fra' Claude de la Roche-Aymon de la Ville du Bois, Fra' Guillaume de Damas de Saint Bonnart, Fra' Jean de Vernon-Le Bessay, Fra' Pierre de Launay.

7 Serventi d'Arme: Fra' Louis Raymond-Romain, Fra' Marc Antoine Chrétien, Fra' Antoine de Monfort, Fra' Guillaume Combelle, Fra' Antoine de Lonay, Fra' Antoine de Barbas, Fra' Antoine de Nochéses.

Della Lingua di Francia sono caduti:

16 Cavalieri: Fra' Baugeois de Fontaine-La Neuville, Fra' Edmond de Saulciéres de Tenance, Fra'Claude de la Vigne-Bulcy, Fra' Henri de Crècy-Bligny, Fra' Francois de Chilleau, Fra' Francois de Bouer-Panchian, Fra' Louis de Roguée de Ville, Fra' Jacques de Lubart-Zemberg, Fra' Francois de Granges-Montfermier, Fra' Artus Bonnet de Breuillac, Fra' Andrè Robert de Lizardière, Fra' Hardy de Choiseuil, Fra' Georges de Hautay, Fra' Simon de Clinchamp, Fra' Antoine de Molins, Fra' N. de Molubech.

4 Serventi d'Arme: Fra' Nicolas Liburnsien, Fra' Claude Penginet, Fra' Claude Griffon, Fra' Alphonse Cambrana.

1 Cappellano: Fra' Pierre Antoine Vigneron.

Della Lingua d'Italia sono caduti:

Fra' Ardicino Griselli, Fra' Giovanni Vagnone, Fra' Vincenzo Gabrielli, Fra' Ardicino Pescatore, Fra' Emilio Scarampi, Fra' Francesco Peletta, Fra' Giacomo Martelli, Fra' Giov. Vitello Vitelleschi, Fra' Decio Mastrilli, Fra' Francesco Lanfreducci, Fra' Girolamo Galeotta, Fra' Giov. Battista Pagano, Fra' Marcello Galluccio, Fra' Giovanni Battista Montalto, Fra' Rosso Strozzi, Fra' Giovanni Francesco Gondi, Fra' Bartolomeo Francolini, Fra' Vespasiano Celeste, Fra' Vincenzo Bozzolo, Fra' Alessandro di San Giorgio, Fra' Paolo Avogadro, Fra' Pier Francesco della Somaglia, Fra' Alessandro Rusca, Fra' Giov. Antonio Soler, Fra' Girolamo Pepe, Fra' Pirro Nibbia, Fra' Niccolò di Strambino, Fra' Cario Sassetti, Fra' Lelio Tana, Fra' Pietro Guadagni, Fra' Ottaviano Gozzuto, Fra' Mario de' Conti, Fra' Stefano de' Fabij, Fra' Baccio Carducci.

1 Servente d'Arme: Fra' Ambrogio Pegullo.

Della Lingua d'Aragona sono caduti:

21 Cavalieri: Fra' Juan de Eragas, Fra' Melchor de Montferrat, Fra' Felix de Queralt, Fra' Pedro Zacosta, Fra' Juan Pérez de Barragàn, Fra' Fortunato Escudero, Fra' Antonio de Montferrat, Fra' Juan de Pamplona, Fra' Federico Armengol, Fra' Cristòbal Villana, Fra' Francisco de Heredía, Fra' Gaspar Huete, Fra' Baltasar Aquínez, Fra' Juan Antonio Morgut, Fra' Gaspar Daoiz, Fra' Nofre Tallada, Fra' Juan Miguel Bueno, Fra' Francisco de Montpalau, Fra' Juan de Paternoy, Pra' Francisco Vique, Fra' Honoràdo Fernàndez de Meza.

1 Servente d'Arme: Fra' Juan Sola.

Della Lingua d'Alemagna sono caduti:

5 Cavalieri: Fra' Walther Hans von Heuneck, Fra' Johann von Hassemburg, Fra' Florian Stezel von Otmut, Fra' Tuerch von Duelen, Fra' Telman von Eyssembach.

Della Lingua di Castiglia sono caduti:

10 Cavalieri: Fra' Juan Velasquez de Argote, Fra' Cristòbal de Silva, Fra' Bartolomé Pessoa, Fra' Francísco de Britto, Fra' Juan Rodríguez de Villafuente, Fra' Lorenzo de Guzmàn, Fra' Luis de Costilla de No-cedo, Fra' Fernando de Acuna, Fra' Pedro de Soto, Fra' Juan de Espinosa.

1 Cappellano: Fra' Alonso Louis Zambrana.

Nella difesa di Sant'Elmo sono rimasti feriti:

16 Cavalieri italiani: Fra' Giovan Maria Castrocucco, Fra' Giovan Antonio Grugno, Fra' Marzio d'Abenante, Fra' Francesco di Guevara, Fra' Giulio Cesare Malvicino, Fra' Carlo Paladino, Fra' Gaspare d'Afflitto, Fra' Gregorio Adamo, Fra' Girolamo Doria, Fra' Francesco Beccaria, Fra' Vespasiano Malaspina, Fra' Cesare Abbondio, Fra' Niccolò Tornaquinci, Fra' Bernardo Capace, Fra' Claudio Querini, Fra' Scipione Orsini.

5 Cavalieri aragonesi: Fra' Jeronimo Sagra, Fra' Juan Mascon, Fra' Alfonso Frago, Fra' Juan Bernardo Cabra, Fra' Fernando de Heredia.

4 Cavalieri castigliani: Fra' Juan de la Rocha Pereyra, Fra' Pedro Par-do de Villamarin, Fra' Jorge Correa, Fra' Diego de Narvaez.

Il Gran Maestro ha scritto al Governatore della Città Vecchia, informandolo della caduta di Sant'Elmo, esprimendo il suo dolore, ma accettando la volontà della Divina Provvidenza, mentre confida sempre nella grazia del Signore, dal quale spera di non venire abbandonato. Ha mostrato però, di nutrire risentimento per i Cavalieri che sono sul continente, apparendogli cosa strana che, in trentasette giorni, non abbiano portato il minimo soccorso, come avrebbero potuto fare, per lo meno con tre viaggi. Ma, egli ha concluso, bisogna uniformarsi alla volontà di Dio. Ha dato istruzioni al Governatore di avvertire della disgrazia Don García e d'informare i Cavalieri di Sicilia di ubbidire senza meno agli ordini e di accorrere a Malta; ha aggiunto che, se il più piccolo aiuto fosse arrivato, Sant'Elmo non sarebbe caduto: che in sua difesa ha sacrificato tutto ciò che aveva di meglio di uomini ed avere, e che se Don García esita, anche di un sol giorno, a correre in aiuto della Religione, teme sarà troppo tardi. Ha ordinato inoltre al Governatore di mandargli i Capitani dei Casali di Birchircara, Birlestu e Zorrico coi loro uomini, prima che i Turchi riescano a cinger d'assedio il Borgo. Il Governatore, ricevuto il messaggio di Sua Signoria, ha eseguito gli ordini, scegliendo Fra' Tomás Coronel come inviato a Don García. Coronel ha attraversato il canale del Freo in una barca con alcuni maltesi. Al Gozo, il Cavaliere Juanito Torrellas gli ha fcá disposizione un'altra barca pontata la cui difesa è data da pelli di bue, assicurate al fasciame con corde in mancanza di chiodi. Con questa barca Coronel ha fatto rotta per la Sicilia. Sono state avvistate quattro galere che portano aiuti. Procedono, però, così lentamente che il Gran Maestro teme arrivino troppo tardi, e dopo che i Turchi avranno investito il Borgo e San Michele.

24 giugno, domenica

Quattro teste, sulla punta di quattro lance, adornano la batteria che ha bombardato la Posta di Don Francisco de Sanoguerra. Pare che siano quelle del Balì di Negroponte, del Commendatore di Montferrat, del Capitano Miranda e del Capitano Mas. Ma, crudeltà ancor maggiore, da quei barbari commessa, è stata quella di inchiodare su scudi ed antenne corpi di Cristiani, alcuni squartati, altri senza testa, altri con due squarci sul petto a mo' di croce e di gettarli in mare. La corrente li ha trascinati sulla spiaggia del Borgo. Tutto è stato fatto per atterrirci con tale orribile spettacolo e per mostrarci cosa noi dobbiamo attenderci da loro. Ma s'ingannano, perché tale vista ci ha infiammato di un gran desiderio di vendicare i nostri compagni. E Mustafà non è ancora soddisfatto. Ha comperato dai Corsari alcuni Cristiani che si erano arresi e li ha condannati ad essere decapitati in presenza dell'esercito. Pialì stesso, pare che lo abbia tacciato di crudeltà. Mustafà gli ha risposto che gli ordini del Gran Signore sono di non lasciare nessun adulto vivo. Non capisce, quel barbaro cane, che il suo avviso dà coraggio sovrumano a tutti. Anche se si fosse stanchi di combattere, si combatterà fino all'ultimo, da bravi. I Turchi, padroni ormai di Sant'Elmo, cominciano a ritirare le loro artiglierie dal Forte per trasportarle alla Marsa. È apparso subito chiaro che il loro obiettivo questa volta è San Michele. Ma mentre i Turchi erano occupati nell'assedio di Sant'Elmo, il Gran Maestro non ha perduto tempo ed ha consolidato le difese del Borgo e di San Michele; per le fascine occorrenti egli ha dato ordine di abbattere tutti gli alberi di tutti i giardini, cominciando dal suo, nel quale vi sono quattro gelsimore, due palme e molti alberi di arancio. Sua Signoria ha regolato anche l'uso dei pozzi, in modo che tutti possano sapere dove attingere acqua.

25 giugno, lunedì

Dai rinnegati sappiamo che Ociali *Fartas* è salpato per Tripoli con quindici galere, ed è stato nominato Viceré in sostituzione di Dragut. Egli ha ordini speciali dal Pascià di mandare tutte le munizioni da Tripoli, ciò che Dragut aveva sempre rifiutato di fare. Trasporta anche il corpo di Dragut per seppellirlo a Tripoli. Questo cane bastardo è morto quasi un'ora dopo della caduta di Sant'Elmo e non ha avuto la gioia di godere della vittoria, perché è rimasto sempre privo di sensi. Ci riferiscono anche che ieri notte è partita per l'Oriente una galera. Pare che porti la notizia della caduta di Sant'Elmo e dei fatti accaduti. Si dice anche che il Serraschiere confessi di avere poca fiducia di prendere Malta.

26 giugno, martedì

I nemici mostrano chiaramente l'intenzione di attaccare San Michele prima del Borgo. Difatti non ritirano i pezzi che bombardavano la Posta di Don Francisco de Sanoguerra ed i loro ingegneri, tutto quest'oggi, sono andati in ricognizione sull'altura del Corradino, prendendo misure e scegliendo i punti più adatti alla costruzione di piattaforme. Ciò lascia pensare che il nemico voglia contemporaneamente bombardare San Michele e tutto il terreno, fino alla Burmola e alla Posta di Sanoguerra. Noi non perdiamo tempo ed eseguiamo alacremente gli ordini del Gran Maestro, il quale oggi ha ispezionato lungamente i Forti.

27 giugno, mercoledì

I pezzi, che hanno tenuto sotto tiro i mulini a vento e le imbarcazioni, hanno cessato di batterli e hanno diretto il fuoco contro la Posta di Sanoguerra, che è debole e mal costruita. I danni sono gravi. L'unico vantaggio che ha questa Posta è che non può essere assediata se non dal mare. Ci rendiamo però conto che il nemico ci attaccherà e da terra e dal mare. A notte, abbiamo fatto una sortita sotto Jaime de Sanoguerra, nipote e Luogotenente del nostro Capitano, ed abbiamo ripulito il terreno dei detriti lasciati dal bombardamento, buttandoli in mare nel punto più vicino. Il Capitano Don Francisco ha l'intendimento di costruire, nell'interno della Posta, due incassate terrapienate, e ha messo al lavoro maltesi e buonavoglia della sua Galera. Vuol anche spianare una piazza per il combattimento di cui difettiamo. Vincenzo Cigala, di nazione greca, scrivano della Galera *San Gabriele*, è preposto agli uomini che stanno attingendo acqua con la quale bagnare i terrapieni. Essi sono sempre in gran pericolo perché il nemico continua a tirare e mantiene il fuoco per tutta la notte per impedire il loro lavoro. Questa notte il Gran Maestro ha inviato a Don García un'imbarcazione il cui padrone è Antonio Xilla, maltese. Si è venuto a sapere che la nave turca salpata da Marsa Muscetto, subito dopo la caduta di Sant'Elmo, trasportava a Costantinopoli i cannoni del Forte. Erano ventisette pezzi ed una colubrina; ma non sono tutti. I Turchi non hanno scoperto quelli che i nostri avevano interrati.

28 giugno, giovedì

Un gran numero di nemici è venuto dalla Marsa ed ha attaccato le nostre opere di fronte a Santaren e alle case di Burmola, che sono tutte addossate alle Poste di Aragona e di San Michele. La nostra artiglieria ha tirato sugli assalitori e ne ha uccisi molti. Lo scontro è durato tre ore ed il Gran Maestro ha potuto notare quanto siano pericolose queste case per le due Poste. Due Cristiani sono rimasti uccisi, ma nessun ferito. Non si creda che la cavalleria stia inoperosa, tutt'altro. Di giorno e di notte cavalieri e fanti compiono azioni di disturbo su tutto il territorio. Ecco quanto oggi è accaduto. Quando la flotta turca arrivò a Malta, circa sessanta maltesi, uomini e donne di ogni condizione fuggiti dai loro villaggi, si erano rifugiati in una caverna presso il mare e lì vivevano nascosti. In mezzo alle donne vi era una fanciulla di rara bellezza. Un giorno sono stati scoperti dai Turchi che scorrazzavano per l'isola. A dir il vero i nemici non portarono a loro molestia, ma riferirono la notizia al loro Sanjaz-Bey, il quale, come ci è stato raccontato, si recò alla caverna e, toccato dalle grazie della donzella, la prese per sé. I Capitani dei nostri cavalieri furono informati della cosa ed oggi si son recati sul posto. I Turchi furono scovati, costretti a uscire dalla caverna e si accese la mischia. Trenta su sessanta furono sgozzati dai nostri uomini. I superstiti, insieme con il Sanjaz-Bey, vedendosi perduti, presero la fuga, portando con loro la ragazza. I nostri precipitosamente li inseguirono. Il Sanjaz-Bey, disperando di salvarsi, con un colpo di scimitarra tagliò la testa alla fanciulla. I nostri uomini lo raggiunsero e l'uccisero. I maltesi furono liberati e condotti alla Città. Questo episodio mi è stato raccontato da Michele Calì, un greco che risiede nella Città Vecchia e che ha preso parte alla sortita.

29 giugno, venerdì

Il Gran Maestro, considerato il grave danno che le case arrecano alla difesa, ha inviato alcuni cavalieri in perlustrazione attraverso la campagna e un buon numero di archibugieri ad occupare le più lontane case e a farne dei posti fortificati. Alla Posta di Provenza, ha inviato un forte contingente di soldati. Prese queste precauzioni, alla Burmola sono arrivati più di mille maltesi con picconi, sbarre di ferro, badili, e febbrilmente hanno cominciato a demolire le case vicine alla Posta di Aragona. Appena i Turchi del Corradino hanno visto quello che i nostri stavano facendo, si sono precipitati verso San Michele e Santaren, ma là si sono urtati nella tenace resistenza della nostra gente, che non solo si era trincerata, ma aveva costruito un muro e dietro di esso, al sicuro, tirava sui Turchi. Si è combattuto per tre ore; poi i nostri si son ritirati nelle case, e per ristorarsi e perché non avevano più polvere nelle fiasche. L'artiglieria ha sempre sparato da tutti i Forti ed ha procurato grave danno

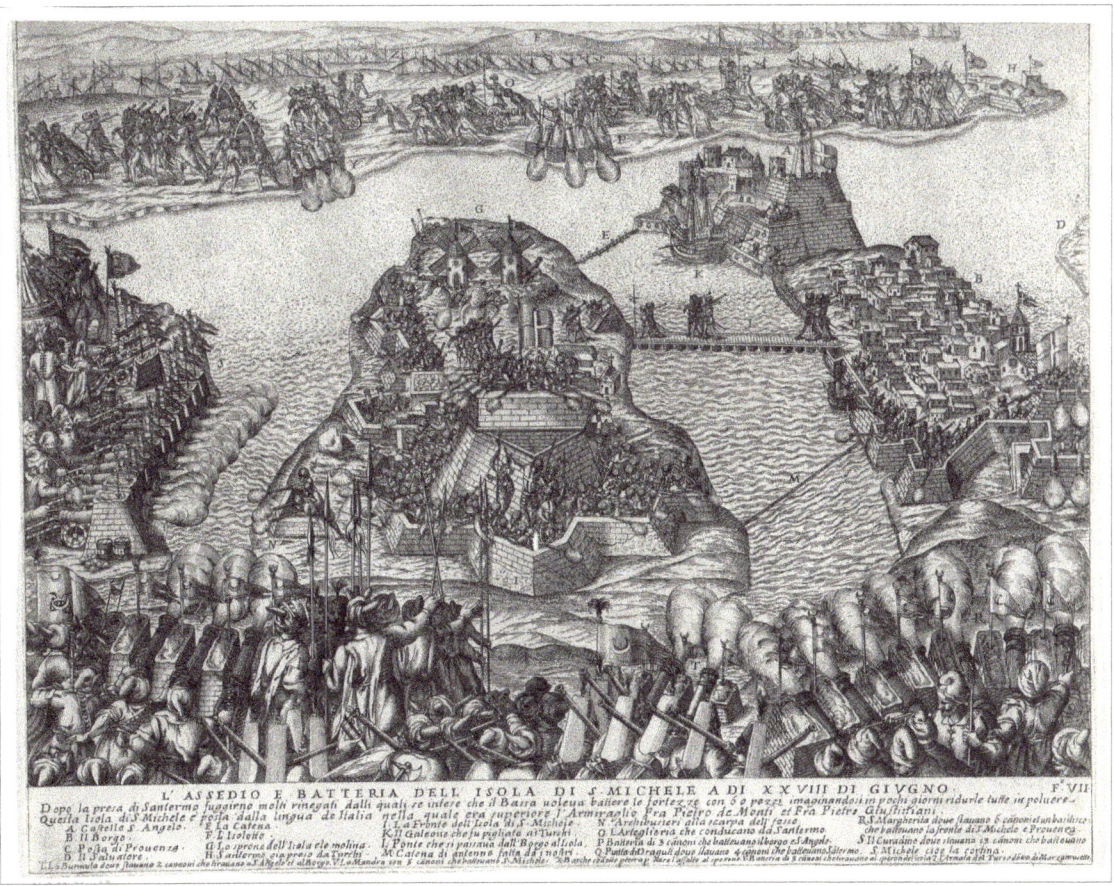

▲ 28 giugno 1565 - Assedio e bombardamento di san Michele Incisione di Antonio Francesco Lucini, 1665 - Rijkmuseum Amsterdam.

ai nemici che erano allo scoperto. Durante lo scontro, i maltesi hanno continuato a demolire le case ed hanno trasportato al Borgo tutto il legname ricavato. Monsignore, vedendo che l'attacco dei Turchi si va allargando, e considerato che molto è stato fatto, ha ordinato di ritirarsi. Abbiamo perduto un solo Cavaliere. Da quanto è dato di vedere, le perdite turche devono essere, però, molto gravi. Nelle prime ore del pomeriggio abbiamo visto un Turco a cavallo, accompagnato da numerose persone, venire dalla Marsa verso Santaren. Giunto a tiro della nostra artiglieria, ha alzato bandiera bianca, segno che viene come parlamentare. Monsignore, avvertito, ha fatto passare alcuni uomini da Provenza a Burmola. Là si sono imbattuti in un vecchio schiavo spagnolo il quale ha detto che il Turco è inviato dai Pascià al Gran Maestro. Sua Signoria ha dato ordine che lo schiavo, bendato, gli fosse condotto dinanzi. Giunto alla sua presenza, questi ha riferito essere desiderio dei Pascià che Sua Signoria riceva il loro ambasciatore. Il Gran Maestro ha ricordato allo schiavo esser suo dovere di buon cristiano, se egli è a conoscenza di quello che l'inviato ha da riferire, di rivelarlo. Lo schiavo, tremando, ha detto che l'inviato viene da parte di Mustafà Pascià e di Pialì Pascià a richiedere, per il Gran Signore, la resa dell'Isola. Nel caso di rifiuto, i Turchi non avranno clemenza e i vinti saranno trattati come quei di Sant'Elmo. Accettando invece la proposta, mentre si è ancora in tempo, i Pascià si limiteranno ad occupare l'Isola, lasciando libero passaggio per la Sicilia e tutta la gente, con tutti i beni e l'artiglieria. Il Gran Maestro lo ha ascoltato e, come risposta, ha ordinato d'impiccarlo. Il misero, gettatosi in ginocchio, ha supplicato d'esser risparmiato per l'amor di Dio, protestando di essere soltanto uno schiavo, costretto a venire nel campo cristiano, portatore del messaggio. Monsignore, che aveva dato quell'ordine soltanto per impaurirlo, mostrando di accedere alla preghiera dei suoi Cavalieri, gli ha concesso la grazia, non senza dirgli di togliersi subito davanti ai suoi occhi e di non osare mai più tornare con proposte simili. E a mo' di congedo, ha ordinato allo schiavo di dire al Pascià che il Gran Maestro non ha nessun desiderio di ricevere messaggi o ambasciatori da sí barbara gente. Facciano i Pascià tutto il male che vogliono: noi confidiamo in Nostro Signore Gesù Cristo, che non solo ci libererà dalle loro empie mani, ma darà a noi la vittoria. Lo schiavo è stato di nuovo bendato e fatto uscire dalla Posta di Provenza; quando è stato fra i due bastioni di Provenza e di Alvernia, gli è stata tolta la benda e così ha potuto misurare la profondità del fossato, l'altezza e lo spessore delle muraglie. Dopo gli è stato chiesto il suo pensiero. Egli è apparso stupito, spaventato, ed ha risposto che mai i Turchi avrebbero preso Birgu. Di nuovo bendato, è stato condotto alle case della Burmola e lasciato, Dio solo sa, in quale stato. Sul far della notte la maggiore parte del campo nemico ha mosso dalla Marsa verso le case di Burmola e le alture del Romitaggio di Santa Margherita, per porre là l'accampamento. Ciò è stato constatato durante una sortita che abbiamo fatto da San Michele. Per tutta la notte, il nemico ha proseguito la costruzione di una trincea con pietre a secco lungo tutto il fronte di San Michele. Un'altra, si sono posti a costruire partendo dalle case della Burmola fino a Santa Margherita e delle stesse case verso le Poste di Aragona, Provenza ed Alvernia. E mentre lavorano, fanno tale un frastuono, che sembra siano i diavoli a lavorare. Hanno, poi, chiusa la Marsa con una catena di barche l'una all'altra fissate da antenne, ed ancorate dalla punta delle Forche a Sant'Elmo.

30 giugno, domenica

I Turchi danno inizio alla costruzione di quattro piattaforme da cannone. Una è posta sull'altura del Corradino: appare molto grande ed è evidente che da essa pensano di bombardare l'area fra il giardino di Monsignore e l'estrema punta del Forte di San Michele. Un'altra è alla Mandra e ciò prova che intendono bombardarci frontalmente. La terza è presso il vigneto di Paolo Miccioli, e la quarta sull'altura di Santa Margherita. E ciò indica che è prossimo il bombardamento di Provenza. La nostra artiglieria bersaglia con tiro preciso e procura danni gravissimi, specialmente fra i Turchi che stanno caricando terra, rami e fascine per la costruzione delle piattaforme. Finora gli alberi del giardino di Monsignore, che si trova alla Marsa, erano stati risparmiati, ma adesso i Turchi li abbattono. Questa mattina uno Spahis sceso dal colle di Sant'Elmo, è venuto sulla spiaggia ed ha dato voce alla nostra Posta, che è quella di Sanoguerra. Don Francisco ci ha detto di domandargli cosa volesse. Il turco ci ha risposto di mandargli una barca, perché desidera venire da noi. Quando Don Francisco ha udito la richiesta, ha dato ordine che nessuno di noi si affacciasse al di sopra dei parapetti, perché ciò avrebbe potuto attirare sullo Spahis l'attenzione dei nemici ed ha inviato Don Jaime, suo nipote e Luogotenente, ad informare il Gran Maestro. Sua Signoria ha ordinato che una fregatina sia mandata a rilevare il turco, ma ha insistito perché si faccia bene attenzione prima di scendere a terra e di prendere le precauzioni contro un possibile tradimento. Fuori della catena oggi, però, non vi sono barche, e metterne una in mare significa perdere tempo e causare complicazioni. Abbiamo consigliato il turco di gettarsi a nuoto, perché non abbiamo barche; se mai, possiamo andare in suo aiuto. Il turco, desiderando passare da noi senza indugio, ha lasciato le armi, si è tolto i vestiti e con la sola camicia che si è posta sulla testa, si è calato in mare. Tre marinai della Galera San Gabriele, ottimi nuotatori, si sono, a loro volta, tuffati per portargli assistenza. Uno di questi è Ciano, un siciliano di Siracusa, un altro è un provenzale di nome Piron ed il terzo è uno dei nostri artiglieri maltesi e si chiama Giulio. Essi raggiungono il turco quando è a mezza strada già stanco per la fatica. La presenza dei nostri uomini gli ha dato coraggio e, con il loro aiuto, è arrivato sano e salvo. I Turchi però hanno scoperto ciò che stava accadendo e son corsi verso la spiaggia per colpire i nostri all'arrivo. Ma Don Francisco de Sanoguerra ha fatto puntare due moschetti da braga e due ribadocchini, mentre noi, con i nostri archibugi, eravamo pronti sui ripari. Abbiamo tirato fin quando non abbiamo costretto i Turchi a tornare indietro. È piaciuto a nostro Signore che i nostri siano arrivati a riva senza danno. Il turco è così esausto, che a stento può respirare. Don Francisco ha ordinato che egli non parli con nessuno, fino a che non sia portato alla presenza del Gran Maestro. Don Jaime ed io lo abbiamo condotto all'alloggiamento del Capitano che si trova nella casa dove erano tenuti i leoni del Gran Maestro, per offrirgli qualche conforto; ma il turco non ha voluto che un po' d'acqua perché, dice, è sabato ed egli digiuna. Gli ho dato un paio di brache per non lasciarlo in camicia. Siamo stati ricevuti dal Gran Maestro, il quale si è mostrato lieto di vederlo e gli ha domandato perché fosse passato nel nostro campo.

Il turco ha risposto che desidera diventare cristiano perché i suoi avi lo erano, e Monsignore gli ha dato il benvenuto. Pare che sia nato in un'isola dell'Arcipelago da una delle principali famiglie greche del luogo a nome Lascari.

1° luglio, domenica

Sua Signoria, già in pensiero per non ricevere nuove né di Sicilia né dalla Città Vecchia, lo è, in questi giorni, anocr più, perché non riesce a comprendere il significato delle fumate di giorno e dei fuochi di notte che si levano dalla Città Vecchia. Ne ha parlato a Lascari, il quale gli ha detto che è sbarcata della gente di soccorso e che si trova adesso nella Città. È una notizia che soltanto lui conosce. Ha anche avvertito che il prossimo assalto sarà dato per mare e per terra da molti e molti uomini con poderosi mezzi. I Turchi lavorano indefessi e con ogni diligenza per portar a termine le piattaforme delle batterie. Da parte nostra nulla tralasciamo per fortificare tutti i punti, tutte le opere che, secondo le più fondate previsioni, potranno essere bombardate. Iddio ha voluto che i Turchi siano rimasti tanto tempo fermi davanti a Sant'Elmo, dando a noi la possibilità di lavorare. Ci mancano, però, due cose essenziali per approntare difese: terra e fascine.

2 luglio, lunedì

È giunta conferma dalla Città Vecchia che è sbarcato un Soccorso composto di 700 uomini. Fra di loro vi sono quaranta Cavalieri della Religione e venti cannonieri. Ne è a capo, Melchor de Robles, Cavaliere spagnuolo dell'Ordine di Sant'Iago e Maestro di Campo del Terzo di Sicilia: soldato di valore, coraggio e di grande esperienza. Pochi giorni or sono, Sua Signoria aveva divisato di far trasportare a braccia una imbarcazione leggera da Birgu, passando per la Posta di Castiglia a Marsa Scala, e di là farla salpare per la Sicilia. E questo per sfuggire all'armata turca, che è alla fonda a Marsa Scirocco e lascia sempre galere di guardia all'imboccatura del porto.

3 luglio, martedì

Oggi i nemici, completate le piattaforme e postati venticinque cannoni pesanti, hanno dato inizio al bombardamento. Santa Margherita batte con sei pezzi il baluardo di Provenza; la Mandra con sei pezzi le difese di San Michele; quattro pezzi postati nel vigneto di Paolo Miccioli tirano sulla Posta di Don Carlo Ruffo; due ed un pesante Basilisco, bombardano la Burmola e le case; sei, postati sul promontorio di San Elmo, hanno sotto tiro la Posta di Don Francisco de Sanoguerra, Sant'Angelo, la Posta del Commendatore de Guiral e le case. È giunto Bajada, il maltese, che ci ha raccontato i particolari dello sbarco e l'arrivo alla Città Vecchia del Soccorso di Robles imbarcato su due Galere di Sicilia e due della Religione al comando di Don Juan de Cardona. Sua Signoria non nasconde la sua preoccupazione per la difficoltà che può incontrare il Soccorso, prima di giungere a noi. È poca gente, che facilmente può incappare nei nemici sparsi su tanta parte dell'Isola. Ne ha parlato a Lascari, il quale consiglia che il Soccorso lasci la Città Vecchia e, costa costa, venga al Salvatore: qui dovranno trovarsi le barche per trasportarlo alla Posta di Castiglia. Egli è sicuro che, così facendo, non si incontra un sol turco lungo il percorso e si è offerto di fare da guida. Il consiglio ha approvato. Bajada ed altre guide esperte, andranno dal Maestro di Campo Melchor de Robles a portare le istruzioni da seguire. De Robles, ricevute le istruzioni, dati i cavalli a coloro che ne avevano bisogno, e disposta una stretta vigilanza alla avanguardia e ai fianchi, se ne è uscito dalla Città Vecchia, ad un'ora prima dal tramonto. Ha marciato tutta la notte, non senza viva apprensione, perché spesso doveva passare a un tiro di pietra dalle trincee nemiche. Piacque a Nostro Signore che i nostri non fossero scoperti ed attaccati; arrivarono due ore prima dell'alba al punto d'imbarco. Il Maestro di Campo, dopo che tutti furono sistemati, è salito, per ultimo, a bordo. Sua Signoria e tutti noi siamo stati molto felici di vederli arrivare. Si avevano tutte le ragioni per stare in ansia, conoscendo i pericoli che potevano incontrare, passando per terre occupate dal nemico. Mancano soltanto una Cavaliere siciliano, Fra' Girolamo Gravina, ed otto soldati. Mi hanno raccontato che dopo una buona traversata, giunti sulla spiaggia di Pietra Negra, avevano subito notata la luce che indicava il punto di sbarco. Puntate le prore a terra, abbassati i ponti, il primo a toccar riva fu il Cavaliere francese de Quincy, il quale, avanti di partire dalla Sicilia, aveva preso accordi con il Cavaliere Salvago per esser il primo a sbarcare. Egli voleva evitare che quelli del Soccorso venissero subito a conoscenza della caduta di Sant'Elmo e rifiutassero di sbarcare. Difatti non appena a terra, alcuni maltesi gli parlarono della perdita del Forte, ma egli ordinò loro di tacere, non solo, ma di rispondere, qualora fossero stati interrogati, che Sant'Elmo ancora resisteva. La nostra gente poté arrivare alla Città Vecchia, senza essere scoperta dai molti turchi che vagavano per le campagne, soprattutto per l'aiuto che Iddio, nostro Signore, volle darci, permettendo che in quella mattina una fitta nebbia stagnasse sulla terra. Se i nostri fossero stati scoperti, sarebbero stati costretti a combattere lungo le sei miglia che separano il punto di sbarco dalla Città Vecchia. Grande è stato il loro dolore, quando hanno appreso che Sant'Elmo è caduto. Il diavolo ha tentato un greco, che aveva trovato rifugio nella Città Vecchia, e lo ha fatto disertare. Voleva riferire ai Turchi sul Soccorso sbarcato e sul modo di impedire che arrivasse a Birgu. Iddio però, ha voluto che una delle nostre sentinelle alle mura lo vedesse. I cavalieri lo hanno inseguito, preso e riportato in città. Ha confessato e per il suo tradimento è stato squartato.
Ho annotato con cura i nomi dei 50 Cavalieri e dei 38 Gentiluomini di Ventura giunti con il Soccorso e ne dò la lista.

Della Lingua di Provenza sono giunti:
4 Cavalieri: Fra' Henri de la Valette-Parisot, Fra' Pierre Francois d'Esparbés de Lussan, Fra' Charles de Brissac, Fra' Francois de Puget.
Della Lingua d'Alvernia sono giunti:
2 Cavalieri: Fra' Antoine de Villars, Fra' Antoine de Bressole-Pravieux.
Della Lingua di Francia:
3 Cavalieri: Fra' Georges de Granges-Montfermier, Fra' Baptiste de Mailly, Fra' Esprit Brunefay-Quincy.
Della Lingua d'Italia sono giunti:
27 Cavalieri: Fra' Vincenzo Carafa, Fra' Agostino Ricca, Fra' Cencio Guasconi, Fra' Pietr'Antonio Barrese, Fra' Antonino di Bologna, Fra' Girolamo Gravina, Fra' Prospero Pignone, Fra' Ercole Caracciolo, Fra' Francesco Bonaiuto, Fra' Cesare Zavarca, Fra' Giovan Battista Sederini, Fra' Alessandro Ridolfi, Fra' Tiberio Canfora, Fra' Paolo Boniperti, Fra' Pier Paolo della Corgna, Fra' Niccolò del Benino, Fra' Fabrizio d'Azzia, Fra' Giovan Battista Rondinelli, Fra' Emiliano Vialardi, Fra' Innocenzo de' Caroli, Fra' Ferrante Coiro, Fra' Francesco Bernardino Barba, Fra' Giulio Carafa, Fra' Fabrizio Giustiniani, Fra' Vespasiano Antinori, Fra' Francesco Guicciardini, Fra' Attilio Mastrogiudice.
Della Lingua d'Aragona sono giunti:
6 Cavalieri: Fra' Jaime de Moncada, Fra' Jorge Giron de Rebolledo, Fra' Nofre Belver, Fra' Luís de Banuelo, Fra' Miguel Cruzat, Fra' Miguel Regio Ungano.
Della Lingua di Castiglia sono giunti:
7 Cavalieri: Fra' Pedro Buenensena, Fra' Rodrigo Maldonado, Fra' Estéban de Calderòn, Fra' Juan de Tablada, Fra' Diego de Mendoza, Fra' Domingo de Orrejo, Fra' Cosme de Luna.
I Gentiluomini di Ventura sono:
22 Spagnoli: Melchor de Robles, Diego de Bolea, Francisco de Vargas Manriquez, Diego de Mendoza, Vasco de Acuna, Diego de Caravajal, Màrcos de Mendoza, Fernando de Robles, Juan de Mendoza, Rodrigo de Cardenas, Fernando de Campo, Màrcos de Sorja, Juan de Funes, Sergente Chiacon, Juan de Osorio, Diego de Castilla, Gabriel Ortiz de Egaras, Marcos Antonio Biscaglino, Francisco Vivés, Alonso de Angulo y La Rocha, Diego de Vera, Matias de Ribera.
11 Italiani: Scipione Corbinelli, Giovan Battista Napolitano, Girolamo Scozia, Francesco Taddei, Latino Ciardi, Alessandro Scoto, Mancino d'Orazio, Pompeo Vacca, Decio Gentile, Giovan Andrea Fabbri, Giovan Andrea Gallese.
3 Tedeschi: Georg von Bes, Hieronymus Rusch, Matthias Ulderich von Schwarz.
2 Inglesi: John Smith, Edward Stanley.

4 luglio, mercoledì

I Turchi son venuti a conoscenza dell'arrivo del soccorso da alcuni nostri uomini cattrati mentre rientravano con i cavalli alla Città Vecchia: per dispetto e per sfregio, bombardano da per tutto, specialmente sulle case.

5 luglio, giovedì

I nemici son riusciti ad aggiungere dodici pezzi alle loro batterie e fanno fuoco senza interruzione, giorno e notte. Il tiro è più furioso contro le case. Sono rimasti uccisi e feriti donne e bambini che erano nelle strade e che lavoravano alle difese. Il Gran Maestro non vuole che i Cristiani siano esposti a pericolo maggiore di quello a cui già lo sono, e ha dato ordine che gli schiavi e i galeotti turchi siano portati a lavorare sulle posizioni esposte, incatenati a due a due. Sua Signoria pensava che, riconosciuti dai Turchi, questi li avrebbero risparmiati: ma si è ingannato in pieno, perché i colpi ne spaccavano diecine alla volta e nella giornata più di 500 schiavi son morti. Per di più quei miseri sono così esausti per l'improvvisa fatica e l'incessante sforzo, che preferiscono di farsi tagliar le orecchie e morire pur di non lavorare. Sua Signoria ha osservato che i nemici hanno maggiormente rafforzato le batterie e gli effetti sono gravi su tutte le Poste. Ha ordinato al Commendatore dell'Arsenale, che, con la massima urgenza, siano ricavate da vecchie gomene sfilacciate, grandi matasse che, impastate con terra bagnata, possono essere utilizzate in luogo delle fascine, di cui siamo quasi privi. Gli schiavi infermi poi, sono continuamente intenti a far micce, ed i rinnegati turchi, passati al nostro campo, sono impiegati tutti a colar palle e pallottole per archibugi. Le nostre fucine lavorano incessantemente a fabbricare ogni sorta di utensili di ferro, chiodi, pezzi per artiglierie, uncini, dadi, rostri, palle incatenate.

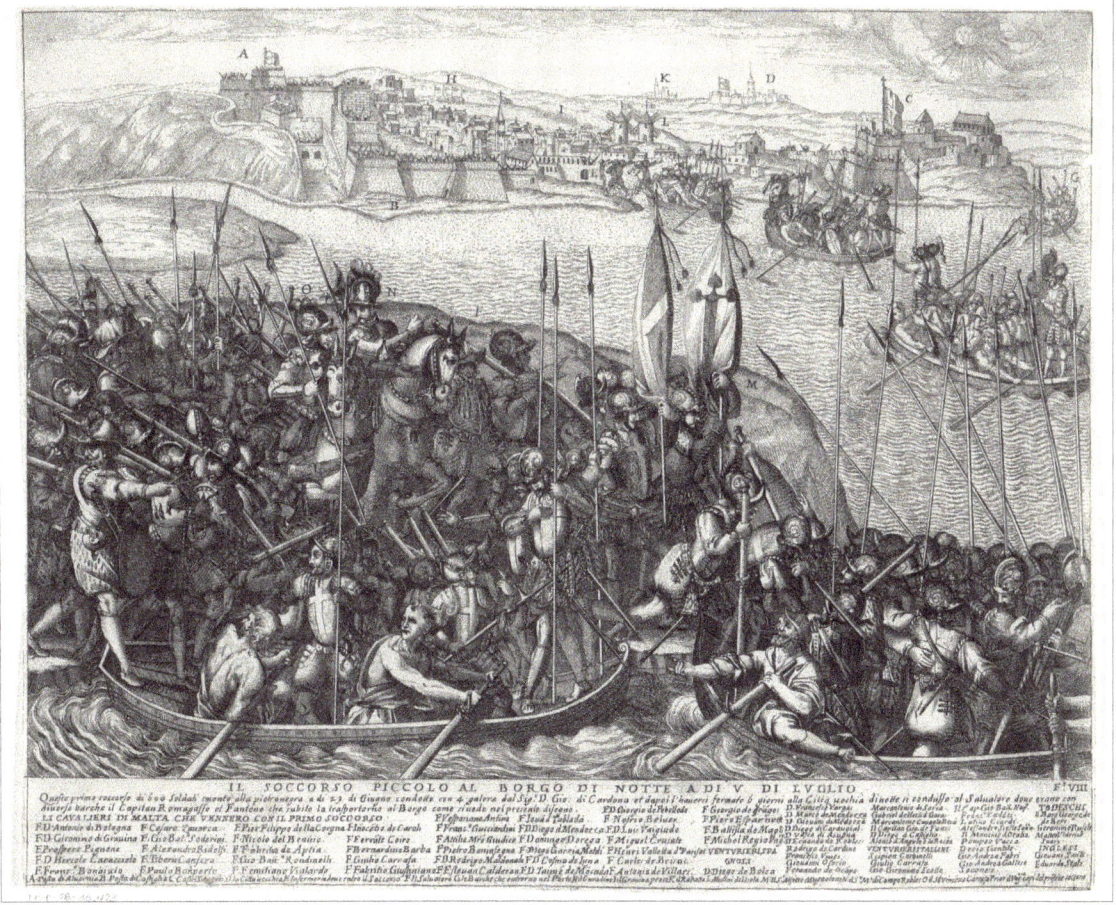

▲ 5 luglio 1565 - Il *piccolo soccorso* al Borgo Incisione di Antonio Francesco Lucini, 1665 - Riikmuseum Amsterdam.

6 luglio, venerdì

A punta di giorno, il nemico ha iniziato un bombardamento generale: ma constatando, forse, che il fuoco aveva scarso effetto contro le Poste di Provenza e di Sant'Angelo, lo ha concentrato contro il Forte di San Michele che vien bombardato da venti pezzi, furiosamente. Abbiamo visto sei imbarcazioni alla Marsa; il nemico le ha trasportate a braccia da Marsa Musetto. Oggi il Maestro di Campo Robles è venuto alla Posta di Sanoguerra in compagnia di molti Cavalieri. Io, con le mie orecchie, l'ho sentito mentre diceva che egli e Don Juan de Cardona, avevano avuto ordine preciso da Don Garcia di non sbarcare, se Sant'Elmo era stato perduto.

7 luglio, sabato

Oggi i Turchi, venuti a conoscenza che i nostri aiuti sono entrati dalla parte del Salvatore, han messo mano a costruire su quell'altura una grande piattaforma e, per tenerci in continuo allarme ed ancor più circondati, vi hanno posto una forte guardia. Oggi, alla Marsa, vi sono dodici imbarcazioni turche; sono state trasportate per terra, come le altre, da Marsa Musetto. Un attacco dal mare ci pare certo. Vengono distaccate guardie avanzate per la difesa della Posta di Sanoguerra e per la Posta della Burmola. Alla catena del Porto vi son sempre, di guardia continua, sei nostre barche.

8 luglio, domenica

Il Gran Maestro, sempre vigilante, vedendo che la piattaforma sulla collina del Salvatore è pressoché ultimata, ha dato ordine che siano demolite subito quelle case, che ne sono sotto la diretta minaccia. Sua Signoria è stato il primo ad abbandonare la sua e farla demolire: risiede, da oggi, nella casa del suo Maestro di Camera Fra' Louis

▲ Aga ottomano con arco 1560 circa. Tratto da ..Türckey und gegen Orient, Nicolas de Nicolay 1572 - Heidelberg Biblioteca

de Mailloc-Saquenville. Ha ordinato che su tutte le strade dei dintorni siano alzate barricate di pietra a secco, perché, non solo i cannoni ma anche gli archibugi del Salvatore, causano gravi danni, essendo le strade esposte al tiro ravvicinato. Ha disposto anche per la sollecita demolizione di alcune case che stanno fra la Posta di Castiglia e di Alemagna. Si dà poi mano a costruire un contraffosso con buone casematte e difeso da una forte incassata terrapiena lunga più di duecento passi. Il numero delle imbarcazioni turche alla Marsa aumenta giornalmente. Ne abbiamo oggi contate più di trenta, grandi e piccole. L'attacco verrà portato e da terra e da mare.

9 luglio, lunedì

La batteria del Salvatore, stamane, ha aperto il fuoco su Castiglia e su Alemagna con tredici pezzi, ma il tiro è stato diretto principalmente contro le case; reca però poco danno, grazie alle misure disposte dal Gran Maestro. I nemici si sforzano di guadagnare il fossato di San Michele e le quattro capponiere che stanno all'ingresso del fossato, dalla nostra parte. I nostri vanno a contrastare il nemico, passando per una troniera della Posta del Maestro di Campo Robles e di Don Carlo Ruffo. Da quando il Maestro di Campo è arrivato, ha avuto il comando dell'intero settore.

10 luglio, martedì

Il Governatore della Città Vecchia, Mezquita, ha inviato un uomo, che ha attraversato a nuoto il braccio di mare da Sant'Elmo alla Posta di Sanoguerra, per avvisare di aver ricevuto da Messina messaggi riguardanti il Soccorso. Sono all'ancora, in questo porto, ottanta galere e sessanta navi, pronte a salpare in nostro aiuto. Alla Marsa il numero delle navi turche è salito a settanta. Il Gran Maestro, da quell'esperto e previdente capitano che è, prende buone misure per proteggere tutto San Michele, e dispone per un ostacolo che potrà resistere con successo all'imminente attacco. Partendo dalla Posta del Maestro di Campo Robles e fino all'estremità della penisola, dove è la Posta di Sanoguerra, ha fatto conficcare solidamente sul fondo del mare una palizzata fatta di grosse travi poste in fila, lontane dieci passi dalla spiaggia lasciata dalla bassa marea, e distanti tra loro dodici, quindici passi. Le travi son fissate l'una all'altra, al piede, al loro mezzo ed alla testata con grosse catene di ferro. Altre catene, poi, sono tese di traverso, in modo da formare come una robusta rete, capace di arrestare la corsa di una galera sopravveniente anche a voga arrancata. La palizzata impedisce alle imbarcazioni turche di arrivare a riva ed obbliga gli uomini ad entrare in acqua per raggiungere terra. Questo non sarà di lieve danno agli archibugieri e agli arcieri nemici, vestiti come sono, di ampie e pesanti vesti. I nemici bombardano con il solito accanimento e verso mezzogiorno, avendo trascurato di pulire e di far raffreddare le canne, in una delle batterie di sei pezzi, sul Corradino, un cannone si è riscaldato al punto da scoppiare ed ha appiccato il fuoco alle munizioni vicine. Più di quaranta Turchi sono rimasti uccisi. Fra di essi dovevan trovarsi personaggi importanti. Il numero delle imbarcazioni turche alla Marsa aumenta giornalmente.

11 luglio, mercoledì

Poco prima dell'alba, quattro turchi scesi dal Corradino alla Burmola, si son gettati in acqua per raggiungere la catena d'antenne. Giunti, vi si sono posti a cavalcione e con un'ascia che avevano alla cintola hanno cominciato a colpire le botti di sostegno. Le nostre sentinelle, che li osservavano, hanno dato l'allarme. È stato ordinato di aprire il fuoco su di loro, ma non è possibile di affacciarsi ai parapetti, perché i migliori archibugieri turchi, allineati dietro le trincee del Corradino, ci hanno tutti sotto mira, e ancorché siamo distanti più di seicento passi, non mancano un sol colpo. Hanno schioppi con canne lunghe anche undici palmi, nessuno con canna inferiore a sette, dal tiro assai preciso. Non badando a pericolo, però, quattro maltesi dalla Posta della Burmola, che è vicina al punto dove la catena è fissata, si son lanciati in acqua con scudetto e celata, mostrando coraggio e decisione degni del più valoroso e bellicoso popolo guerriero. Sono Pietro Bola, Martin, Gianni del Pont e Francesco. Attaccano i turchi con tale ardire, che questi sono obbligati ad abbandonare l'opera e ad allontanarsi a nuoto. La sparatoria del nemico è vivissima ma i maltesi nuotano dietro i quattro, ne uccidono uno e ne feriscono gli altri. Le sentinelle dello Sperone e della piattaforma di Sant'Angelo hanno dato avviso che cinquanta galere si avvicinano a Marsa Muscetto e sbarcano uomini all'Arenella. È stato accertato che sono Sciaiali che vanno a lavorare alle piattaforme del Salvatore. Temiamo un attacco imminente.

▲ 6 luglio 1565 - Assedio alla posta di Castiglia. Incisione di Antonio Francesco Lucini, 1665 - Riikmuseum Amsterdam.

12 luglio, giovedì

Questa notte ero alla Posta di Robles con molti soldati di altre Poste, perché là il combattimento era più aspro. Il Maestro di Campo, armato di spada e scudo, ha guidato più di duecento di noi giù alla spiaggia, dove abbiamo attaccato i Turchi che si erano impossessati delle quattro capponiere site all'ingresso del fossato. Sebbene fossero più di trecento, noi li abbiamo sconfitti e forzati a fuggire. Più di trenta giacciono sul terreno. Quattro dei nostri sono rimasti uccisi: due spagnoli della compagnia del Maestro di Campo, uno di Longrono a nome Rijon, l'altro della Biscaglia chiamato Idrago. Gli altri sono due maltesi. Il nemico ha bombardato, notte e giorno, con dieci batterie.

13 luglio, venerdì

I Turchi concentrano il fuoco sulla Posta di Sanoguerra, sulla Burmola e su San Michele: è talmente intenso che prevediamo dover esser sferrato l'attacco da un momento all'altro. Altra conferma ci vien data dal numero delle imbarcazioni riunite alla Marsa che oggi sorpassano le ottanta. Alcune sono grosse navi. Noi lavoriamo a migliorare tutte le difese. Nella notte, i Turchi non ristanno dal dire le loro prele invocazioni, e ci muove il riso lo udire il loro lamento e le urla. Come al solito, si sente uno cantare per un certo tempo, e deve essere un Imano, e poi gli altri che rispondono urlando. Di giorno spesso accade che alcuni rinnegati, dalle trincee nemiche, si rivolgano a noi e ci dicano tutto quello che viene loro in mente. Noi rispondiamo ciò che più ci aggrada. In mezzo ai rinnegati vi è un maltese, uomo perverso, esperto di tutte le lingue che si parlano. Questo uomo ha chiamato Paolo Miccioli e Paolo Daula, che sono due galantuomini maltesi. Si è fatto riconoscere, ed ha cominciato a dir loro che i Pascià desideravano liberarli dal vassallaggio e far loro trarre vendetta sui Cavalieri dai quali così male sono trattati, sia nell'onore, che nelle proprietà. E poiché i Cavalieri sono in così piccolo numero ed i soldati mercenari non molto più numerosi, consigliava di trucidarli tutti. Avrebbero così riconquistata la libertà perduta; ma i Pascià, a nome del Gran Signore, promettevano solennemente che sarebbero stati sempre protetti contro tutti e finalmente, potuto avere un trattamento più ricco di quello che la povera Religione poteva offrir loro. I due valorosi gli hanno risposto seccamente che era un sozzo cane e che non desideravano di ricevere consigli da un uomo caduto tanto in basso. Essi preferivano, caso mai, di essere persino schiavi del Gran Maestro, piuttosto che familiari del Gran Turco. Il rinnegato, vedendo che le sue parole non sortivano effetto alcuno, ha replicato dicendo a Paolo Miccioli che non avrebbe mai più goduto del suo vigneto e gli ha suggerito di mettere in salvo il suo denaro, prima che i Turchi non fossero entrati, il che sarebbe presto avvenuto. In tal caso, però, gli dicesse Paolo dove avrebbe potuto trovarlo: per la benevolenza del Pascià, il rinnegato poteva porre in salvo lui ed altri cinque. Ma Miccioli gli ha risposto che la vigna l'avrebbe concimata col sangue turco; sperava che, anche se fosse andata completamente distrutta, Dio Onnipotente, gli avrebbe poi permesso di ripiantarla ed innaffiarla sempre con lo stesso sangue, grazie al quale sarebbe germogliata ancora più ricca: se poi il rinnegato desiderava trovarlo il giorno che fosse entrato con il nemico in Malta, doveva cercarlo, dove il combattimento fosse stato più acceso, perché con la spada e lo scudo, là, fra i primi, egli sarebbe stato a difendere Dio, la patria sua, sua moglie, i suoi figli. Il Gran Maestro non tralascia di far riparare i danni causati dal bombardamento ed ha ordinato a coloro che hanno in carico i fuochi lavorati di farne abbondante provvista e di sorvegliare i depositi con diligenza e somma prudenza. Ogni giorno molti schiavi, che si recano alle difese o lavorano al terreno, sono uccisi dall'artiglieria nemica. Due notti or sono, Sua Signoria aveva ordinato che il ponte armato su barche, tavoloni ed antenne, dovesse essere piazzato fra il Borgo e San Michele, così che in caso di necessità, gli aiuti potessero giungere con sollecitudine. Artatamente non aveva dato in precedenza l'ordine, per timore che i Turchi avessero potuto contrastare il suo disegno. Ieri mattina però, i Turchi, appena lo notarono, aprirono il fuoco con qualche risultato. Questa notte il Gran Maestro ha fatto rimuovere il ponte, e lo ha fatto ancorare più vicino a Sant'Angelo. Il nemico stamane, ha tirato con i cannoni di Sant'Elmo, ma non può oramai recar più danno. Noi di San Michele siamo contenti. Il fatto che il ponte sia così ben ancorato e resti illeso, appare presagio sicuro di vittoria. Non voglio dimenticare di notare che, prima dell'arrivo del Soccorso portato dal Maestro di Campo Robles, la Santità di Papa Pio IV ne ha mandato un altro destinato alle nostre anime, e che consiste in una indulgenza plenaria da colpa e pena, prodiga di tutte le grazie che la Chiesa usualmente concede ai suoi figli in simili circostanze. Non vi è stato uomo o donna che non facesse le sue divozioni con profonda pietà, e nella ferma speranza di guadagnare la corona della gloria, se avesse dovuto soccombere durante l'assedio.

14 luglio, sabato

Il nemico bombarda come sempre, e per tutto il giorno e per tutta la notte. Da parte nostra non ci risparmiamo e facciamo tutto quanto è possibile per riparare, rafforzare le difese, anche perché rinnegati ci avvertono essere prossimo un assalto generale. Le Poste più vulnerabili sono la Posta di Don Francisco, la Burmola, e la Posta di Robles, perché sono le più spianate; secondo le buone regole di guerra, contro queste il nemico dovrebbe dirigere dapprima l'attacco. Alla Marsa, intanto, le imbarcazioni turche son tante, fra piccole e grandi, da costituire una vera armata. In mezzo ad esse ve ne sono circa trenta, grandi abbastanza, da poter contenere una ottantina di uomini ciascuna. Esse aumentano di ora in ora, e non riusciamo a comprendere come e perché esse non patiscano danno dal fuoco dei falconi, dei falconetti e degli archibugi. Evidentemente devon essere protette, non sappiamo indovinare dove e come. Questa notte, notte di incertezza, gli Imani non hanno mai cessato di cantare le loro nenie, come avevano fatto la notte precedente l'attacco a Sant'Elmo. Sappiamo oramai cosa ci attende domani. Il Maestro di Campo Robles ha avvertito il Gran Maestro. Sua Signoria ha ordinato ai Capitani delle Riserve di tenersi pronti con i loro uomini, e dispone che, di tutta urgenza, siano mandati alle Poste più in pericolo, ogni sorta di munizioni e di fuochi lavorati.

15 luglio, domenica

Ad un'ora e mezzo prima di giorno, è apparso evidente che i nemici vogliono attaccare. Vi è grande animazione sulle navi, il cui numero è superiore a cento. Scorgiamo molti uomini che salgono a bordo caricando materiale da guerra. Altri uomini hanno preso terra all'Arenella e alle Forche. Ad un tratto un fuoco è brillato sulla piattaforma della Mandra. Un altro ha risposto dal promontorio di Sant'Elmo. Devono essere i segnali stabiliti per l'inizio dell'attacco. È l'alba. Vediamo meglio le imbarcazioni. Appaioni formidabili, impavesate come sono e

▲ Soldati ottomani 1565 circa, Incisione di Abraham de Bruyn, 1581 - Riikmuseum Amsterdam

coperte, lungo le murate, da sacchi di lana e di cotone. A bordo gente dalle ricchissime vesti. Non v'è uomo che non indossi tunica scarlatta; molti hanno vesti intessute d'oro, d'argento e damasco cremisi e portano in capo maestosi turbanti. Sono armati di schioppi di Fez, scimitarre di Alessandria e di Damasco. Visione ammirabile, se non incutesse spavento. Visto brillare i fuochi, segnale del loro malanno, le imbarcazioni hanno preso l'avvio. Sulle prime, ritti, vediamo alcuni uomini dalla lunga capigliatura e dai grandi cappelli, con un libro fra le mani sul quale, com'è loro consuetudine, essi pretendono di interrogare gli astri che fanno risultare sempre propizi. Le barche con gli uomini dai lunghi capelli si spostano; le altre a voga arrancata, filano verso la Posta di Sanoguerra nell'intento di rompere le catene della palizzata. Le catene hanno resistito. Così, per approdare, gli attaccanti sono costretti ad immergersi nell'acqua fonda e a superare a guado lo spazio fra la catena e la spiaggia. Nonostante l'ostacolo imprevisto, vengono all'attacco con grande spirito e decisione, fra esplosioni e spari di archibugio terrificanti per coloro non abituati a tal modo di combattere. Ma il Capitano Sanoguerra non si fa prendere di sorpresa; né suo nipote, né gli uomini a lui sottoposti, che non sono più di sessanta. Viste le imbarcazioni in linea, ha assegnato a ciascuno il proprio posto. Suo nipote, Don Jaime, si adopera ad aprire una troniera coperta che avevamo preparata nei giorni passati e che doveva guardare la Posta dei Siciliani, molto bassa e poco difesa. Dietro la troniera son piazzati due smerigli, uno già puntato e l'altro caricato. Ma l'attacco è stato così irruente, che non arriviamo in tempo a servircene. Forse è da dare la colpa ai cannonieri. E così, la Posta di Don Francesco si difende soltanto con buoni colpi di picca e di spada. I Turchi si dirigono subito alla punta dello Sperone, che è molto basso e livellato dai bombardamenti, benché vi avessimo sistemato due ce-stoni terrapienati. Don Jaime è corso alla traversa con spada e scudo e combatte ed incoraggia i suoi uomini che, come sempre, combattono da bravi; ha il viso ustionato da una granata, ma non abbandona il suo posto. I nemici tentano con le scale di arrivare sulla traversa. Hanno poco da arrampicarsi, perché è molto bassa, ma un marinaio della Galera San Gabriele, Piron il provenzale, armato di un'azza di fuoco, la difende valorosamente. Resta ucciso. Il suo posto è subito preso da un altro Piron, genovese, della stessa Galera e di non minor valore. Fra' Gregorio Adorno è adesso alla traversa e fa miracoli di bravura. Ma ad aggiungere malanno al piccolo numero degli uomini e alla debolezza della nostra difesa, capita un'altra sventura. Mentre Ciano, uno dei nostri soldati, stava preparando una pignatta da lanciare sul nemico, han preso fuoco tutte le pignatte lì presso, e Ciano ed altri soldati son rimasti bruciati. Le pietre, i massi, rimpiazzano ora le pignatte perdute. Don Francisco de Sanoguerra, appena le navi avevan mosso verso la sua Posta, era saltato sul parapetto. Nicola Rodio, suo segretario ed io lo avevamo seguito. Facciamo fuoco con i nostri archibugi sul nemico che è già sotto, ai piedi della batteria. Siamo pochi di numero e troviamo più conveniente mettere a terra gli archibugi e gettare sui Turchi massi e pietre, perché causiamo così più danno e con maggiore rapidità. Non è passato molto tempo che i Turchi hanno notato Don Francisco. Benché di media statura, s'impone per il suo atteggiamento, l'armatura e la rossa sopravveste crociata. Dalle navi lo hanno mirato e colpito; ma l'armatura è a prova di colpi ed è rimasto illeso. Malauguratamente un Giannizzero, con un grande cappello nero ornato d'oro, lo ha preso di mira dal basso. Il colpo ha attraversato lo scudo e lo ha colpito all'inguine sinistro. Don Francisco è caduto morto sul parapetto. Tento di recuperare il suo corpo, ma non vi riesco, perché oltre ad essere di forte complessione, porta l'armatura e l'elmo pesante. I turchi si affannano per trascinare in basso il corpo di Don Francisco. Tirano dalle gambe e noi dalle braccia. Lottiamo con loro: ce lo lasciano infine, ma rimangono a loro le scarpe. Don Francisco è il primo uomo della sua Posta morto. Dopo la sua morte il Cavaliere Adorno ed il Sergente del Capitano Medrano ancora sofferente per una ferita al capo ricevuta a Sant'Elmo, si piazzano al parapetto. Lo scrivano Vincenzo Cigala, Mendoza, Lorenzo il majorchino e mastro Juan Oliver, tutti soldati di questa Posta, combattono ai gabbioni, su cui già son piantate sette bandiere turchesche. Il Capitano della riserva, Fra' Pierre de Giou, Capitano Generale delle Galere, il Priore di Sciampagna, il Balì dell'Aquila, il Commendatore Francisco Ruyz de Medina ed il Capitan Romégas, che erano in attesa al Borgo, arrivano a San Michele. Alcuni vengono direttamente allo Sperone ove noi, in ansia, li aspettavamo. Il Maestro di Campo Melchor de Robles, con tutti i Cavalieri e i soldati di San Michele, non ha un attimo di riposo. Più di 8.000 Turchi stanno attaccando la sua Posta e la Posta della Burmola, ma incontrano grandissima resistenza e nessuno raggiunge vivo la cima delle difese. La traversa del Maestro di Campo e quella della Burmola, con il loro tiro incrociato, fanno massacro di Turchi. I nemici, arrivati i rinforzi del Balì dell'Aquila e del Capitano Romégas, cominciano ora a ritirarsi da San Michele. Quelli dello sperone non possono ritirarsi, perché le imbarcazioni, dopo averli sbarcati, hanno preso il largo e non osano tornare a riva. Il combattimento volge, adesso, a nostro favore e la vittoria può essere afferrata. Decidiamo di saltar fuori. Siamo in cinque a muoverci dalla Posta, il maltese Ramon, un napoletano, due greci ed io. Usciamo da una postierla che conduce alla marina e, appostati dietro un costone, cominciamo a sparare sul nemico. Molti altri soldati ci hanno seguito, tagliano teste e sgozzano tutti i turchi che incontrano. Dei tanti che vi erano, soltanto quattro son presi vivi per poterli interrogare. I Turchi aprono il fuoco su di noi, con buon effetto, perché siamo allo scoperto. Le loro imbarcazioni stanno rizzate sui remi, senza saper cosa fare. Adesso, pare che tentino di imbarcare la gente perché ritorni all'assalto. Ma Sant'Angelo, i mulini a vento e lo Sperone aprono il fuoco su di loro, e li obbligano ad allontanarsi in più sicure acque. L'assalto è durato cinque ore. I turchi hanno avuto una perdita non minore di 4.000 morti, ivi compresi gli annegati. Le nostre perdite assommano a 200 morti e a molti feriti. Sono caduti 55 Cavalieri, 3 Serventi d'Arme e 4 Cappellani.

Ne ho trascritto fedelmente i nomi.
Della Lingua di Provenza sono caduti:
7 Cavalieri: Fra' Balthazar de Simiane de Gordes, Fra' Jean Francois de Polastron-la Hiliére, Fra' Gaudens d'Hébrail d'Alons, Fra' Jacques de La Tour-Reniez, Fra' Gaspard de Pontevés, Fra' Jean Marc de la Roquette, Fra' Henri de la Valette-Parisot.
1 Servente d'Arme: Fra' Gaspard Serre.
Della Lingua d'Alvernia è caduto:
1 Cavaliere. Fra' Alain de Montal-La Prade.
Della Lingua di Francia sono caduti:
3 Cavalieri: Fra' Esprit de Brunefay-Quincy, Fra' Troilus de Montbazon, Fra' Frangois de Trinchant de la Barre.
1 Servente d'Arme: Fra' Blaise Ruffin.
Della Lingua d'Italia sono caduti:
34 Cavalieri: Fra' Luigi Balbiano, Fra' Giovan Maria Castrocucco, Fra' Girolamo Balsamo, Fra' Asdrubale de Medici, Fra' Bernardino Sciortino, Fra' Giulio Cesare del Ponte, Fra' Carlo Ruffo, Fra' Pietr'Antonio Barrese, Fra' Giorgio di Montiglio, Fra' Alessandro d'Alessi, Fra' Vespasiano Malaspina, Fra' Filippo Doria, Fra' Pompilio Savelli, Fra' Cristoforo Caloiro, Fra' Alessandro Scarampi, Fra' Tiberio Canfora, Fra' Michele de Sis, Fra' Paolo

Emilio Gozzuto, Fra' Giov. Giacomo di Castellamonte, Fra' Fabrizio di Valperga, Fra' Mario Fagnano, Fra' Orazio d'Aquino, Fra' Matteo di Corte, Fra' Bartolomeo Briglia, Fra' Niccolò di San Martino, Fra' Ottaviano Capace, Fra' Ercole Caracciolo, Fra' Cesare Zavarca, Fra' Giov. Battista Soderini, Fra' Alessandro Ridolfi, Fra' Paolo Boniperti, Fra' Fabrizio d'Azzia, Fra' Emiliano Vialardi, Fra' Innocenzo de' Caroli.
1 Servente d'Arme: Fra' Giacomo Rosselli.
1 Cappellano: Fra' Giov. Domenico Rocchetta.

Della Lingua d'Aragona sono caduti:
6 Cavalieri: Fra' Francisco Torrellas, Fra' Francisco de Sanoguerra, Fra' Martin Seca, Fra' Jaime de Sanoguerra, Fra' Pedro Zaportella, Fra' Juan de Santa Pau.
Della Lingua d'Alemagna sono caduti:
1 Cavaliere: Fra' Georg von Bes.
Della Lingua di Castiglia sono caduti:
3 Cavalieri: Fra' Simon de Sosa, Fra' Simon de Melo, Fra' Frderico de Toledo.
All'attivo contiamo sei bandiere che erano state piantate sui gabbioni, molte scimitarre, archibugi, archi, borse, denaro. Un po' di queste monete sono turche, alcune cristiane prese a Sant'Elmo. Sono i nuotatori che fanno più guadagno perché hanno raccolto in mare molto bottino. Nelle borse dei caduti troviamo molti piccoli biglietti di carta che devon essere amuleti, e molto afion. Nell'imbarcazioni affondate od arenate, vi è molto biscotto, uva, zucchero, miele, grasso ed altri commestibili ed in più barili di acqua potabile: chiaro segno che se avessero conquistato lo sperone, essi vi si sarebbero consolidati e non sarebbero andati, per il momento, più avanti. Abbiamo reso infinite azioni di grazia a Nostro Signore Iddio per la sua misericordia, e in questo siamo guidati dal nostro predicatore, fra' Roberto, che durante l'assalto è andato da per tutto, con il Crocefisso in una mano e la spada nell'altra, esortandoci a combattere per la Fede di Cristo e a ben morire. Sua paternità è stato ferito. In mezzo al giubilo generale il Gran Maestro ha deposto nella chiesa di San Lorenzo gli stendardi conquistati ed è stato cantato un solenne Te Deum. Ci occupiamo subito di raccogliere i numerosi morti per dar loro degna sepoltura. Accanto ai Cavalieri più anziani, seppelliamo due giovanissimi: Don Jaime de Sanoguerra, nipote di Don Francisco e Don Federico de Toledo, figlio di Don García, rimasto ucciso da un colpo di cannonementre stava con Don Jaime. È molto triste vederli morti questi due giovani Cavalieri che hanno sempre bravamente combattuto.
Nella difesa di S. Michele sono rimasti feriti:
1 Cavaliere Provenzale: Fra' Pierre Francois d'Esparbés de Lussan.
2 Cavalieri Alverniati: Fra' Guillaume de Croupier e Fra' Pierre de Giou.
1 Cavaliere Francese: Fra' Louis Olivier d'Aulx du Bournois.
8 Cavalieri Italiani: Fra' Pietro Giustiniani, Fra' Baldassarre Marchetti, Fra' Gregorio Adorno, Fra' Giovan Paolo Ferrero, Fra' Marcello Ma-strilli, Fra' Costantino Castrista, Fra' Giovan Battista Gambaloita, Fra' Giovan Andrea Magnasco detto Capitan Fantone.
1 Cavaliere Aragonese: Fra' Juan Zaportella.
1 Cavaliere Castigliano: Fra' Francisco Ruyz de Medina, morto poi a Birgu, che ha avuto tre dita della mano destra troncate da un pezzo della corazza di Don Jaime.
Per quel che ho visto e per quel che mi hanno riferito, allo Sperone si sono distinti anche Fra' Antonio Corsini, Fra' Scipione Corbinelli, il Capitano Juan de Funes ed il suo Sergente Chiacon, Pedro de Mendoza, Pedro Oliver, il genovese Piron, il provenzale Piron, Ciano, Lorenzo Puche, Vincenzo Cigala e Nicola Rodio. A San Michele: Don Costantino Castriota, Sergente Maggiore, Don Francisco de Vargas, Don Màrcos de Mendoza, Don Diego de Caravajal, Don Fernando de Robles, Don Diego de Castilla, Don Fernando de Campo, Francisco Vivés, il Commendatore Buenensena, Don Carlo Ruffo, Fra' Antonio Martelli, Cencio Guasconi, il Priore d'Ungheria, Don Ercole Caracciolo, Don García de Mendoza, Sallustio del Testo, Marcello Mastrilli, Giulio Crudeli, Don Calceran Pegueta, e il Maestro di Campo Melchor de Robles che, non solo ha fatto il suo dovere di capitano, ma dovunque ha visto il pericolo, là, è accorso da quel valoroso soldato che è. Altri che hanno combattuto da bravi sono: Munatones, Alfiere del Maestro di Campo, Bernardo de Cabrera, Don Jorge de Rebolledo, Frago, Capitan Romégas, il Commendatore Parisot, nipote del Gran Maestro, il Commendatore de Saint Romain, il Commendatore de Quincy. Infine non v'è stato uomo, cavaliere o soldato, che non abbia ben combattuto fino a che non sia stato ferito o ucciso. È opinione generale che la batteria del Commendatore de Guiral ha salvato San

Michele. Questa mattina, iniziato l'attacco, quando i Turchi hanno visto che non era stata infranta la palizzata e che i soldati dalle barche erano costretti a gettarsi in acqua per arrivare a riva, dirottarono dieci delle più grandi imbarcazioni che avevano a bordo gli uomini migliori e più addestrati, verso la estrema punta dello sperone, dove essi avevano notato che la palizzata era priva di catene. Non potevano, però, sapere, che l'intera distesa d'acqua era sotto il tiro della più bassa batteria piazzata dove la catena di ferro, dall'altra parte del porto, era ancorata. Era la Posta del Commendatore Francisco de Guiral, il quale, indovinando le intenzioni del nemico, aveva ordinato che tutti i pezzi mettessero a mira le imbarcazioni avanzanti ed aspettò il momento opportuno per non mancarle. Appena le imbarcazioni arrivarono a riva e si prepararono allo sbarco, ordinò a tutti i pezzi di sparare. Nove delle più grandi affondarono. Erano in esse non meno di 800 Giannizzeri e Leventi. I cannoni erano stati caricati con sacchi pieni di pietre, pezzi di catene, spezzoni di ferro, cosicché causarono ferite e danno a quelli che non erano stati uccisi o che non erano affogati. Durante l'assalto uno schiavo del Gran Maestro, che serviva come dispensiere sulla Galera di Romegas, è passato al nemico, e pare che sia stato lui a consigliare di accelerare il tiro su Castiglia. Sua Signoria ha provveduto ai Capitani dello Sperone e della Burmola, nominando Don Estéban de Claramonte e Don Bernardo de Cabrera, oramai guarito dalle ferite riportate a Sant'Elmo. Durante l'intera notte, abbiamo lavorato a rafforzare i posti più esposti e pericolosi, benché non dovremmo attenderci tanto presto un nuovo attacco, date le gravi perdite che il nemico ha subito; c'è sempre però da temere una sorpresa. E in effetti, nonostante le gravi perdite, i nemici, nel pieno della notte, sono entrati nel fossato di San Michele. Per proteggersi dal fuoco della casamatta di Martelli, asportando pietre dal rivestimento del rivellino, sono riusciti a crearsi dei ripari. Si sono così messi al sicuro dal fuoco di Martelli e sono protetti dall'afa del giorno e dal freddo della notte. Padroni della capponiera, possono, poi, recar danno a tutti coloro che ardiscono mostrarsi sugli spalti della Posta del Maestro di Campo.

16 luglio, lunedì
Con grande violenza i nemici hanno cominciato da stamani a bombardare San Michele sul lato che va dal Corradino alla Burmola. Sullo Sperone non tirano: vediamo in ciò una chiara indicazione che non intendono tentare maggior fortuna per mare. Questa notte, pur continuando i Turchi nel bombardamento, il Maestro di Campo Robles ha fatto uscir uomini attraverso la troniera, e li ha spinti fino alla capponiera. Dopo una vivace scaramuccia i Turchi hanno abbandonato la posizione. I nostri sono entrati nel fossato. Non vi era nessun turco ed hanno potuto osservare i ripari da loro costruiti: in alcuni vi hanno trovato anche delle vesti.

17 luglio, martedì
Continua il bombardamento su tutte le difese e sempre accanito, e noi ci affatichiamo a lavorare per riparare le opere distrutte. Alla Mandra, alcune batterie bombardano San Michele sul fronte; alcuni dei nostri cannoni vengono scavalcati e fanno traboccare le gabbionate dei merloni nel fosso. Robles ha ritirato i nostri cannoni e li ha postati in migliore posizione: ha ordinato l'erezione di un'incassata di tavole e l'ha fatta terrapienare. Più addietro di questa, fa elevare un muro in forma di mezza luna, dello spessore di dieci piedi e dell'altezza di un uomo, nel quale fa lasciare parecchie troniere. Tutto viene eseguito sotto una pesante sparatoria. Il nemico ha posto mano alla costruzione di un ponte su cinque antenne che dovrebbe attraversare il fossato di San Michele, di fronte alla Posta che è stata di Fra' Antonio Martelli, fiorentino. Ne è Luogotenente Sallustio del Testo e Giulio Cmdeli ne è l'Alfiere. Le sentinelle della Posta hanno notato il lavoro dei Turchi, e Martelli, fa lavorare ad uno scannafosso per essere in grado, al momento opportuno, di battere il ponte o di bruciarlo.

18 luglio, mercoledì
Stamane le cinque antenne del ponte nemico erano già piantate. Il Commendator Parisot, nipote di Sua Signoria, desideroso di segnalarsi, è voluto scendere con molti soldati nel fossato, per tentare di demolire il ponte. Quelli che lo accompagnavano, ed anche le nostre sentinelle che lo osservavano dall'alto, hanno detto che invece di lavorare in silenzio e con calma, i suoi soldati hanno fatto molto rumore. Il nemico, venuto fuori dalle trincee, ha aperto il fuoco con gli archibugi. Il Commendatore Parisot, aitante, coperto di una ricca armatura ageminata d'oro, è stato facile bersaglio ed è caduto subito morto: gli uomini si son ritirati senza nulla aver fatto. I Turchi non si limitano a compiere opere su di un solo fronte: lavorano da per tutto. Oggi, i loro ingegneri sono stati visti mentre ispezionavano sul Salvatore, segnando luoghi adatti per piazzare batterie. Ciò ha confermato quanto è

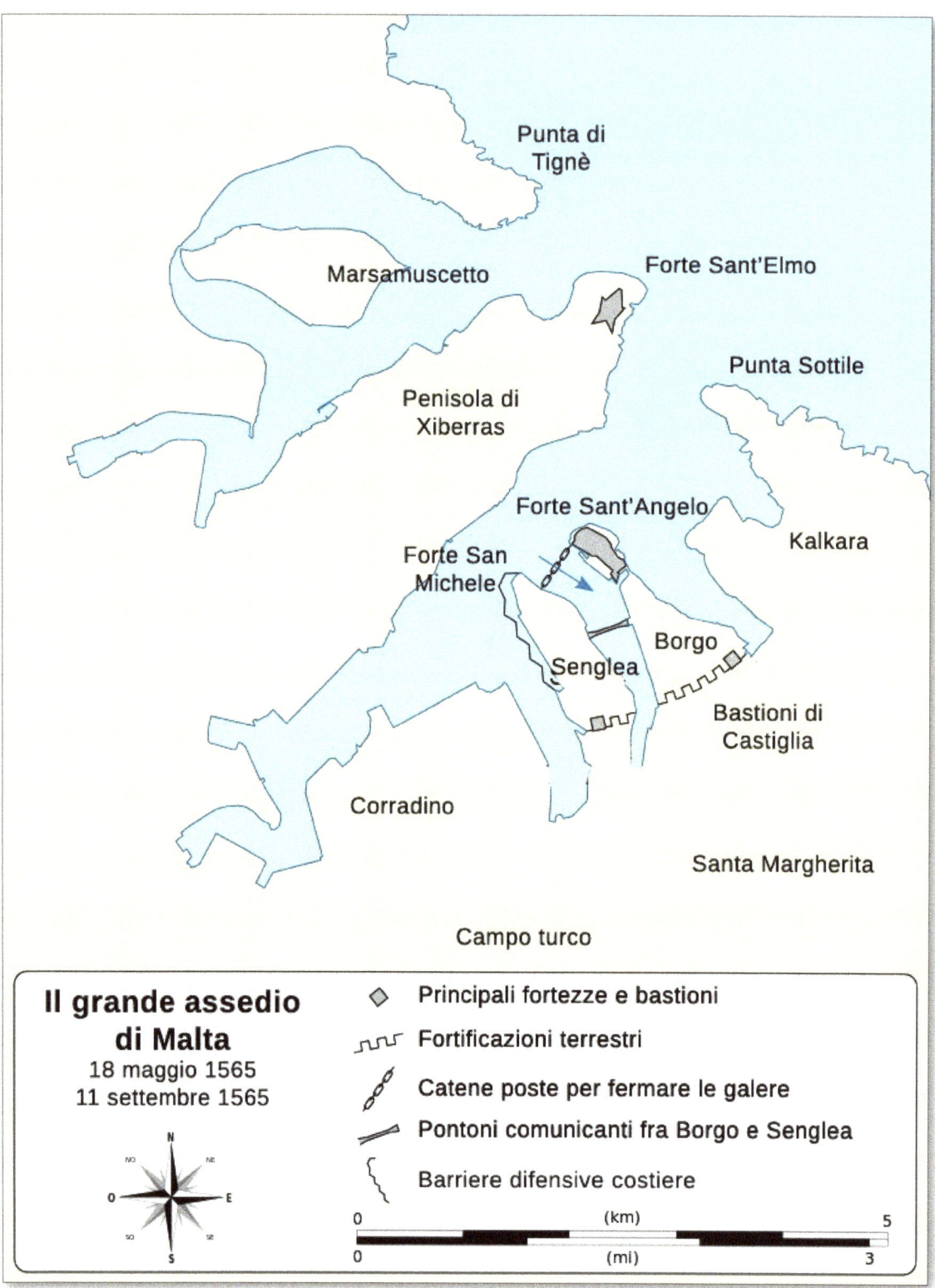

▲ Mappa relativa alla campagna ottomana per la conquista di Malta

stato detto da rinnegati e cioé che i Turchi intendono bombardare la Posta di Castiglia, perché cosi è stato loro consigliato da quello schiavo, dispensiere della Galera del Capitano Romégas. Il Gran Maestro ha ordinato che gli apprestamenti decisi per le Poste di Castiglia e di Alemagna, devono essere completati in tutta fretta. A San Michele e alla Posta della Burmola i lavori procedono febbrilmente, cosicché le due traverse, una da ogni lato della Posta di Don Bernardo da Cabrera, saranno tra poco completate e potranno arrecare gran danno al nemico. Durante la notte il Capitano Martelli ha mandato uomini per lo scannafosso al ponte, con istruzioni di bruciarlo. Ma i nostri hanno trovato che il ponte è tutto coperto di terra bagnata e ben pressata. É stato necessario servirsi di picconi per scavare tratti di terra, spalarla nel fosso e mettere a vivo il legno. Non senza pericolo, perché sono stati sempre sotto il fuoco dei nemici. Arrivati al legno, con molti cerchi di stoppa e pece e non cessando di aggiungere esca, lo hanno bruciato. Delle cinque antenne nessuna è rimasta ritta.

19 luglio, giovedì

Da quando il nemico è padrone dell'ingresso del fossato di S. Michele e di quella parte che va verso il Corradino, ha dato inizio allo scavo di una trincea che dalla bocca del fossato, porta al mare: ha trovato, però, grandi difficoltà perché è necessario tagliare la roccia viva. In pochi giorni, tuttavia, è stata oltrepassata la Posta del Maestro di Campo e oramai la trincea è molto vicina alla Burmola. Noi possiamo sentire il rumore che le pietre, da noi gettate, fanno sui ripari di legno. La trincea è lunga 150 passi e dista 40 passi dalla muraglia; oggi, terminatala, l'hanno ornata, come è loro costume, con una infinità di bandierine che paiono fazzoletti. Vediamo che stanno riportando a Marsa Muscetto le imbarcazioni che a braccia avevano trasportato alla Marsa. Il Gran Maestro ha ricevuto nuove dalla Sicilia: Don García ha approvata l'azione proposta da Don Juan de Cardona di compiere lo sbarco nell'Isola, benché avesse precisi ordini di non tentarlo. Don Juan de Sanoguerra si è offerto di affrontare tutti i pericoli per servire Nostro Signore Iddio, il Re e la Religione ed anche perché a Malta vi è suo zio paterno Don Francisco de Sanoguerra, suo fratello Don Jaime, suo cugino Don Cristòbal, altri parenti ed amici. Si ha pure notizia che Giovanni Andrea Doria, devoto al Gran Maestro, che per rispetto egli considera suo signore ed ama come padre, è venuto a conoscenza del suo scritto ed è rimasto colpito nel sapere in quali difficoltà si trovi. Mosso dal suo animo generoso e per dar l'esempio agli altri, ha dichiarato a Don García di esser pronto a salpare per Malta con tre galere, prendendo a bordo quanti più uomini è possibile. Chiedeva soltanto che tutti i rematori di galera fossero cristiani: ad essi doveva essere data libertà allo arrivo ed armi perché conbattessero come soldati. Non richiedeva nulla per il nolo delle galere, anzi avrebbe provveduto alle vettovaglie necessarie. Voleva due compagnie di veterani spagnoli del Terzo di Napoli, che erano sul posto; chiedeva, poi, licenza di assumere tutti i Gentiluomini di ventura che si trovavano in Sicilia, e di poter anche scegliere gli uomini, giudicati più adatti, tra le Compagnie di Pompeo Colonna. Voleva, infine, da Don García la promessa che, sé egli avesse avuto la sfortuna di esser fatto prigione o di morire, doveva essere imposto ai suoi familiari ed eredi di pagare ogni debito che avesse potuto contrarre nel Reame. A Don García sembrò buona e generosa l'offerta di Doria e la spedizione fu decisa. Erano stati già scelti i Gentiluomini ed i soldati che dovevano parteciparvi quando, considerato che Doria era molto utile per il Soccorso, che Pompeo Colonna, Cavaliere conosciuto e venuto con la gente del Papa, si era già offerto per la spedizione ed anzi aveva già protestato per vedersi trascurato, Don García cambiò divisamento ed ordinò a Monsieur de Leyní, Capitano delle Galere di Savoia, di andare con tre galere fino alla imboccatura del Porto di Malta. Due delle galere erano quelle della Religione, una apparteneva al Re e doveva esser comandata da Donjuan de Sanoguerra. Di tutto questo, Don García scrisse al Gran Maestro. Aggiunse che se lo sbarco fosse riuscito, Monsignore doveva darne segnale a Leyní, in modo che questi, a sua volta, potesse tornare portando la buona nuova in Sicilia. È per questo che Leyní partí con tre galere.

20 luglio, venerdì

Per tutto il giorno i nemici lavorano come non mai alla piattaforma del Salvatore. Hanno costruito anche un parapetto di pietra fra la grande batteria ed il mare. Vi sono appostati archibugieri i quali rispondono al fuoco dei nostri uomini che tirano sui guastatori.

21 luglio, sabato

Alla Posta di Castiglia vi sono due appostamenti di grande importanza. Uno è quello sul cavaliere, all'estremità della punta, e l'altro è costituito da una casamatta molto vicina alla Posta di Alemagna, con molte traverse,

▲ ▼ Altre vedute delle operazioni d'assedio turche: sopra il bombardamento di forte San Michele e sotto il bombardamento di Borgo, tratti dagli affreschi di Matteo Perez d'Alezio, 1547-1614. Posti nella grande sala del palazzo dei Cavalieri alla Valletta. Allievo di Michelangelo, il pittore è a Malta fra il 1575 e il 1581 dove dipinge i famosi tredici affreschi sul grande assedio di Malta che in parte sono mostrati in questo libro. Anche le incisioni del Lucini sono ispirate a queste ma fatte in maniera più definita e particolareggiata.

cosí in alto come in basso. Una parte guardano il fianco di Alemagna ed Inghilterra, le altre la punta del cavaliere. Dopo la morte del Commendatore Luis de Paz, il Gran Maestro ha dato il comando del cavaliere a Fra' Pedro Buenénsefia, Cavaliere della Religione e soldato che ha servito in piú campagne Sua Maestà. Quando Sua Signoria ha osservato come i Turchi proseguono nei lavori al Salvatore, ha concluso che daranno molto disturbo alla Posta di Castiglia, tanto per mare che per terra. E per ostacolarne l'attacco dal mare, ha ordinato che alcune navi, abbandonate nel porto, siano caricate di pietre e, di notte tempo, portate davanti alle opere che vanno dalla Posta di Alemagna a quella di Castiglia; e lí, siano affondate ad una distanza di dieci o dodici passi dalle mura, in posizione tale che possano essere da noi vedute. Ogni nave dovrà poi essere assicurata l'una all'altra. Dalla Posta di Castiglia, fino a dieci passi dal Salvatore, in tutto il tratto di mare, sono state affondate le piú grosse. Grandi ancore le fissano piú fortemente al fondo. Provveduto cosí, contro ogni attacco dal mare, il Gran Maestro ha portato la sua attenzione sulle difese di terra. Alcune case che l'artiglieria turca avrebbe certamente potuto distruggere, devono essere subito demolite; e poiché sono interamente costruite di pietra, ha dato ordine che il materiale sia accantonato per servire come munizione da lanciare contro il nemico. I lavori al contraffosso di Castiglia e di Alemagna, le casematte, le incassate che sono state cominciate, devono, poi, essere portate a termine con ogni diligenza ed in tutta fretta. Il Gran Maestro è sempre vigilante, energico, intrepido: non dà minimo segno di paura; la sua presenza infonde coraggio nei Cavalieri e nei soldati. Il Commendatore Sopraintendente alle munizioni ha apprestato grandi quantitativi di polvere, palle da cannone, pallottole da archibugio, mine, pignatte, azze di fuoco, granate e sacchetti di cotonina. Quest'ultima è una geniale invenzione di Sua Signoria. I sacchetti sono ben spalmati con pece, in modo che la polvere in essi contenuta seguiti a bruciare fino a che la pece non è completamente liquefatta. Portano grandi danni sugli assalitori e per prepararli ci vuol poco tempo. Il Commendatore dell'Arsenale pone grande diligenza nella demolizione delle navi per usarne il legno e gli altri materiali nelle incassate e nelle altre opere. A lui spetta di provvedere i cerchioni di fuoco, e far tagliare e sfilacciare gomene, materiale che, unito a terra bagnata serve benissimo per i parapetti in luogo delle fascine. Con i mantelli degli schiavi morti e con le tende di grossa canapa fa cucire sacchi da riempire di terra per costruire ripari; questo riparo si è dimostrato molto pratico nel metterlo in opera, poiché in nessun altro modo, cosí rapidamente, potremmo metterci al sicuro dal tiro del nemico, che non dura mai meno di otto, dieci ore. L'invenzione tanto utile dei sacchi di terra è di Don Francesco di Guevara. Grazie all'accortezza del Gran Maestro abbiamo potuto costruire, nel miglior modo che ci è possibile, i ripari. Ma non ci nascondiamo che dobbiamo attenderci bombardamenti molto violenti. Su tutte le piattaforme dei nemici sventolano le bandiere che stanno ad indicare la troniera ed il pezzo: sono centinaia. Durante la notte tutti i loro cannoni sono stati posti in batteria.

22 luglio, domenica

Allo spuntare dell'alba i nemici han cominciato a bombardare da quattordici batterie con sessantaquattro cannoni pesanti e quattro Basilischi. Il colpo di ogni Basilisco riesce a trapassare ventun piedi di terrapieno; come è accaduto alla Posta di Don Bernardo de Cabrera, dove alcuni soldati sono stati uccisi. Quando sparano tutti simultaneamente, è tale il rombo, talmente la terra trema, che sembra esser giunta la fine del mondo. La batteria del Salvatore bombarda le Poste di Castiglia, Alemagna, Alvernia e Sant'Angelo con trentotto pezzi. Sulla Posta di Castiglia tira con ventisei pezzi, sulle due traverse di Alvernia con quattro, su Alemagna con quattro e su Sant'Angelo anche con quattro. La batteria di Santa Margherita bombarda San Michele con sei pezzi, la Mandra con altri sei e l'alto della Vigna di Paolo Miccioli con due pezzi. La batteria del Corradino bombarda la Posta del Maestro di Campo Robles e il Forte di San Michele con sei pezzi. Un'altra batteria, sulla cima del Corradino, tira sulla Posta della Burmola affidata al Capitano Don Bernardo de Cabrera, con due pezzi, un Basilisco ed un cannone rinforzato. Riesce anche a battere le case del Borgo. I cannoni del promontorio di Sant'Elmo bombardano la Posta di Claramonte, che era la Posta di Don Francisco de Sanoguerra. Non v'è un punto, a Birgu e a San Michele, nel quale si possa stare al sicuro. La cavalleria, che è nella Città Vecchia sotto il comando di Monsieur de Boisberthon e di Fra' Vincenzo Anastasi, continua negli attacchi al nemico, sia di giorno che di notte. Un giorno, un cristiano, fuggito dalla flotta, aveva riferito che ogni mattina i Turchi, con piú di seicento schiavi cristiani, venivano a far l'acquata alla Marsa. Non eran di scorta mai piú di duecento uomini, cosí che, attaccandoli di sorpresa, anche soltanto cento dei nostri potevan aver ragione di loro e liberare quei cristiani. Fatto tesoro della informazione, i Capitani dei Cavalieri fecero una sortita dalla Città Vecchia durante la notte e si posero in imboscata in una vallata presso le fonti. La compagnia, però, quel giorno non arrivò prima dell'alba, come era solita, ma a giorno fatto e per di più era preceduta da esploratori. Le nostre vedette videro tutto e riportarono a Monsieur de Boisberthon il quale, a sua volta, aveva pure inviato un maltese molto accorto come osservatore. L'uomo tornò e riferí che molta gente si muoveva in buon ordine. Oramai era giorno fatto e i nostri uomini potevano essere scoperti. I Capitani decisero senz'altro di attaccare. Caricando arditamente ruppero le file turchesche e di primo assalto ne uccisero più di quaranta. Ma i nemici, riordinatisi, vennero al contrattacco. I Capitani allora ordinarono che quelli che montavano i cavalli meno forti iniziassero la ritirata verso la Città, mentre quelli che montavano i migliori, dovevano sostenere l'urto, resistere e trattenere il nemico. Così, dopo aver sgozzato più di settanta turchi, si ritirarono con la perdita di un solo uomo.

23 luglio, lunedì

È da ieri che i Turchi bombardano con tale accanimento, tanta rapidità e spreco di munizioni, che nessuno, se non testimone, può immaginare. E non è tutto. Ogni notte danno il segno dell'arme; qualche volta vero, qualche volta falso; tentano di migliorare le posizioni, fanno ricognizioni, ma trovano sempre da parte nostra buona resistenza. Le postazioni del Salvatore sono cosí vicine, che non è prudente passare per le strade attorno al Palazzo; cosí Sua Signoria Illustrissima ha ordinato di scavare trincee, in modo da riparare coloro che vi passano dal tiro degli archibugieri turchi. Si continuano a costruire ripari e rifugi, benché molto alto sia il numero degli uccisi fra i lavoratori. Il capo degli Ingegneri è Mastro Evangelista Napolitano, uomo già maturo ma molto attivo. Vi sono due maltesi, Girolamo Cassar e suo fratello, il Capitano Juan de Funes, egli pure attivissimo, e Juan de Fayos, un soldato di Valenza che ha militato nella Compagnia di Mi-randa. Fayos è stato ferito più volte, ma non ha mai abbandonato il suo posto. Ha la testa fasciata per le pietrate che lo hanno colpito. Assistono gli ingegneri nei lavori Fra' Pierre de Giou, il Capitano Roméga, il Ballì dell'Aquila ed il Maresciallo. Il Commendatore Buenensena ha progettato la trincea ed il contraffosso della Posta di Castiglia, tracciandoli secondo i disegni delle opere costruite da Martin de Cordova due anni or sono a Marsaquevir, opere che sopportarono l'attacco del Re di Algeri.

24 luglio, martedì

Il Gran Maestro non nasconde la sua preoccupazione, non soltanto perché gli aiuti non arrivano, ma anche perché non è più possibile avere notizie dalla Città Vecchia, da quando i nemici hanno occupato i passi che i messaggeri devono percorrere. Si dice che siano state segnalate, al largo, tre galere dirette all'Isola. Ad un tratto hanno invertito la rotta e si sono allontanate. Sembra che fossero quelle di Leyní. Invece, giorni or sono, i Turchi hanno catturato una nostra imbarcazione che veniva di Sícilia. A bordo v'erano Orlando, capitan padrone, latore di messaggi cifrati e Giorgio, un greco di Malvasia, il cui compito era di penetrare in campo turco, tanto più che ne conosceva bene la lingua e sapeva convenientemente vestire alla turchesca. Aveva per contrassegno un mezzo scudo che doveva servirgli perché il Governatore della Città lo facesse poi passare in Sicilia, dove doveva riferire a Don García su quanto aveva visto. La nave è stata catturata nel Freo e gli occupanti sono stati portati alla presenza del Pascià. I rinnegati ci hanno informato che il Serraschiere si dava al demonio, perché non v'era in tutta l'armata alcuno che sapesse decifrare i dispacci. Ci hanno anche riferito che Orlando ed il greco gli avrebbero detto che Don García ha cento galere, sessanta navi tonde ed altre cinquanta navi nei porti di Messina e di Siracusa. Questa notte i Turchi hanno trascinato Orlando in catene di fronte alle trincee di Provenza. Hanno chiamato le sentinelle di guardia e han chiesto loro di dire al Gran Maestro che Orlando doveva parlargli. Sua Signoria si è recato al parapetto, ma non si è fatto vedere. Il Balì dell'Aquila ha detto ad Orlando di parlare liberamente, perché il Gran Maestro non poteva venire. Oriando allora ha cominciato a vantare il gran potere dei Turchi e a rimpicciolire le forze dei Cristiani. Diceva che il tanto atteso soccorso dalla Sicilia non era che una burla, perché consisteva in meno di 50 galere e per di più male armate, tanto che non avrebbero osato sfidare una potente flotta navale quale è la turchesca. Flotta tanto forte da poter attaccare la Sicilia, figurarsi poi che cosa poteva fare contro Malta, piazza cosí debole e sprovvista. Ha detto che il Pascià è a conoscenza delle nostre perdite e delle difficoltà in cui versiamo; per queste ragioni egli ci consigliava di arrenderci al Gran Signore; avremmo in cambio ottenuto le migliori condizioni possibili. Se il Gran Maestro si lascia guidare da caparbia pertinacia, invece che dalla ragione; noi subiremo la sorte di quei di Sant'Elmo e non avremo mai più le condizioni oggi offerte. Dall'intervallo che correva fra una frase e l'altra, era evidente che i Turchi suggerivano

▲ Giannizzero turco con ascia 1560 circa. Tratto da ..Türckey und gegen Orient, Nicolas de Nicolay 1572 - Heidelberg Biblioteca

quanto il povero Orlando doveva dire. Il Gran Maestro ha fatto replicare che si felicitava con Orlando, poiché da semplice marinaio era salito al grado di ambasciatore, tanto che se i Turchi avessero voluto, sarebbe stato contento di riscattarlo. I Turchi hanno fatto precipitosamente rispondere che il Pascià non avrebbe mai voluto separarsi da lui, a nessun prezzo. Sua Signoria allora ha ordinato di sparare su di loro, temendo che astutamente cercassero, nel frattempo, di entrare nei fossati di Provenza e di Alvernia per riconoscerli. Miglior risposta i Turchi non potevano avere da quel valoroso principe che è il Gran Maestro.

25 luglio, mercoledì

Oggi, giorno di San Giacomo tutti noi eravamo sicuri dell'arrivo del Soccorso e perché San Giacomo è il Santo Patrono di Spagna e perché Don García appartiene all'Ordine di Sant'Jago. Ma passata la notte ed il giorno senza nulla avere avvistato, il Gran Maestro, il quale aveva assicurato che oggi gli aiuti sarebbero arrivati, ha voluto pubblicamente ammettere che, oramai, non attende più soccorso, se non da Dio Onnipotente, unico e vero nostro sostegno che fin'ora ci ha liberato e non meno vorrà tener liberi i suoi figli dalle mani dei nemici della Santa Fede, e che tutti dobbiamo aver piena fiducia nella Maestà Divina. Ha aggiunto che, essendo trascorso ormai il termine, non sapeva più che cosa dedurre, ma chiedeva ad ognuno di noi di ricordare che siamo cristiani, combattenti per la Fede di Nostro Signor Gesù Cristo, per le nostre vite e per la nostra libertà. Ognuno di noi, infine, deve tener presente che non possiamo attenderci dal Turco più clemenza, più pietà, di quella che ha avuto verso gli sventurati e valorosi difensori di Sant'Elmo e che egli sarebbe stato sempre il primo, fra i primi, ad affrontare il pericolo. Il discorso di Sua Signoria è stato subito divulgato. Tutti siamo determinati di morire, prima di cadere nelle mani dei nemici, ma siamo anche determinati di vendere molto bene la vita, senza far troppo assegnamento sugli altri. Il Gran Maestro si è compiaciuto della nostra decisione: ha sempre avuto piena fiducia nei suoi Cavalieri e nei suoi soldati.

26 luglio, giovedì

Da domenica, giorno in cui il nemico ha cominciato a bombardare su tutti i fronti, il fuoco non è mai cessato né di giorno né di notte. Più volte è stato dato il segno dell'arme e sono state portate a fondo azioni ed assalti che ci hanno sempre preoccupato perché San Michele e la Posta di Castiglia sono in condizioni rovinose, spianate e rase come sono dai bombardamenti. L'unico vantaggio che abbiamo, e che costituisce la nostra fortuna, è che l'assalto contro queste due Poste non può esser portato, dato lo stretto passaggio utile, da formazioni serrate: il nemico può avanzare soltanto in linea di fila o due per due. Aggiungo che per attaccare la Posta di Castiglia è d'uopo attraversare un corso di acqua. Quando Sua Signoria Illustrissima ha visto che il bombardamento ha gravemente danneggiato la Posta di Castiglia, ha lasciato la sua casa e se ne è andato a stare sotto la tenda, in piazza d'armi, per essere sempre pronto a portare aiuto ove fosse necessario, perché gli uomini delle riserve in piazza si adunano, e dalla piazza partono per il luogo dove il pericolo è segnalato. Il Gran Maestro ha ordinato che l'Ave Maria del mattino sia suonata due ore prima del levar del sole e non un'ora prima; che alla stessa ora i tamburi battano la diana in tutte le Poste, e che immediatamente dopo, la campana del Forte dia il segno dell'arme. Secondo le regole di guerra il nemico non può mancare di dar presto l'assalto a Castiglia e a San Michele, le cui difese sono spianate. Per questo Sua Signoria ha disposto quelle misure atte a prevenire sorprese: vuole che ognuno sia sempre al posto assegnato e ben vigilante; che le riserve siano pronte a correre in tempo ove necessitano e che si curino, in ogni dove, le opere ed a queste si apportino ogni sorta di riparazioni. A qualunque ora Sua Signoria è in piazza d'armi, solo od accompagnato dalla sua Corte, ma due paggi sono sempre al suo fianco: uno gli porta lo scudo e l'elmo e l'altro la picca. I Cavalieri che abitualmente scortano il Gran Maestro sono il Balì dell'Aquila, il Maresciallo, il Conservatore La Motta, il Commendatore de Saquenville, Romégas ed un giullare arrivato con Robles e che, durante gli attacchi, tiene Sua Signoria al corrente di quanto avviene alle Poste, provando di tanto in tanto anche a divertirlo con i suoi tratti di spirito e gli scherzi pungenti, benché, in verità, non vi siano molte ragioni per stare allegri. Molte volte i Turchi, si avvicinano alle Poste in gran silenzio, ma, scoperti, le nostre campane suonano a distesa ed essi si ritirano senza osare di attaccare, perché sanno che stiamo sull'avviso e pronti a riceverli. E con tutto che le opere siano battute e appaiono quasi senza ripari, non sembrano aver gran voglia di attaccarci, ricordando, forse, per passata esperienza, quanto abbiamo sofferto negli attacchi e per terra e per mare.

27 luglio, venerdì

L'artiglieria nemica che si è mantenuta silenziosa durante la notte, a primo mattino, ha ripreso con furia il bombardamento fino a mezzogiorno. A quest'ora, pensando che i difensori di San Michele siano meno attenti sulle opere, son venuti in ricognizione muniti di granate e scudi. Ma sono stati scoperti dalle nostre vedette e l'allarme è stato suonato in tutte le Poste. Di trincea in trincea sono arrivati alla Burmola, ma qui è piovuta loro addosso una pioggia di pignatte. Una ha centrato una loro fiasca da polvere; questa ha dato fuoco ad altre e più di trenta turchi sono morti bruciati. Si son ritirati senza aver raggiunto vantaggio alcuno. Alla seconda ora dopo vespro, un grosso fortunale che dal mattino si andava preparando, ha spezzato le antenne che fissavano le barche ancorate dalle Forche a Sant'Elmo, mandandone molte alla deriva. È stato così possibile d'inviare un messaggero alla Città Vecchia.

28 luglio, sabato

Date le pessime condizioni di San Michele e la vicinanza del nemico, sentinelle avanzate sono state appostate all'esterno delle opere, in qualche punto, a meno di venti passi dal nemico. Stamane era di sentinella un giovane maltese. Non si sa se dormisse o se fosse stato di sorpresa assaltato, certo che la testa gli è stata mozzata, prima che potesse dare un grido. Più di mille Turchi armati di scimitarra e carichi di fuochi lavorati hanno attaccato su tutta l'intera Posta del Maestro di Campo Robles, sperando di ripetere il successo ottenuto al rivellino di Sant'Elmo; ma son rimasti delusi, perché questa Posta è ben difesa da Melchor Robles e da molti valorosi Cavalieri e soldati di tante Nazioni, che hanno costretto i Turchi a ritirarsi con una perdita di più di 100 uomini e dopo di essere venuti all'assalto per quattro volte. Abbiamo perduto sei soldati e Fra' Filippo Doria, Cavaliere della Religione.

29 luglio, domenica

Durante tutta la notte, notte di terrore, i Turchi non hanno mai cessato di bombardare la Posta di Castiglia e le case portando la distruzione fra quelli che lavorano a riparare i danni; molte donne e bambini sono rimasti uccisi. I nemici possono tirare sulle case con tanta precisione, perché le due Poste di Buenensena e di Don Rodrigo Maldonado, compreso tutto il terreno che fra le due corre, sono state molto battute e spianate e perché di continuo spostano i pezzi in modo che noi non possiamo mettere a mira i nostri cannoni.

30 luglio, lunedì

Da tre giorni il nemico ha sempre bombardato, e con maggior accanimento, su San Michele che è già seriamente rovinato, tanto che fra noi e i Turchi oramai non vi sono che poche botti terrapienate. Ciò nonostante i Turchi non vengono all'assalto: e questo rende inquieti il Gran Maestro Illustrissimo e i Capitani. A Nostro Signore è piaciuto, però, che noi miracolosamente dovessimo scoprire lo stratagemma al quale era ricorso il Turco per impadronirsi, al primo assalto, del Forte. Ci avrebbero preso di sorpresa, e non avrebbero subite le gravi perdite che, con ogni certezza, non avremmo risparmiato di arrecar loro. I Turchi, come ho già detto, erano entrati nel fosso di San Michele e la casamatta di Martelli non poteva più disturbarii, perché erano al riparo nelle grotte che avevano apprestato. E tanto avevano scavato che, attraverso una delle grotte, erano arrivati alla muraglia del Forte. Trovarono che essa era larga dodici palmi e pensarono di scavare un cunicolo per sbucare nell'interno del Forte. Vi lavoravano durante il giorno e tiravano con tanta veemenza, perché non potesse essere avvertito il mmore sordo dei picconi. Erano arrivati sotto la piazza della Posta del Maestro di Campo; non mancava che mettere la polvere. Il piano, semplice invero, consisteva nel venire all'assalto, e quando i difensori si fossero precipitati ai posti di combattimento, si sarebbe fatta esplodere la mina. Gli assalitori sarebbero allora con facilità arrivati in alto delle mura, avrebbero avuto ragione dei pochi superstiti ed il Forte sarebbe stato conquistato. Stamane l'Aga dei Giannizzeri ha chiesto di pariare con il Maestro di Campo. Melchor Robles, appena è giunto a tiro, gli ha fatto dire che poteva inviare un dispaccio. L'Aga ha replicato che l'affare che desiderava con lui trattare nell'interesse del Pascià, richiedeva due ore di tempo. Ma Robles gli ha ingiunto di allontanarsi subito perché non aveva tempo per una sì lunga ambasciata. E senz'altro ha fatto lanciare qualche pignatta. Chiaro era lo scopo dei nemici. Mentre l'Aga intratteneva il Maestro di Campo, i guastatori sarebbero arrivati alla mina, che doveva oggi scoppiare. Ma Iddio Onnipotente ha disposto come a lui è piaciuto, e nel modo migliore. Gli ingegneri turchi, nel cunicolo, erano intenti a misurare la distanza che li separava dalla piazza; ad un tratto cominciarono

▲ L'eroica difesa dei cavalieri che seppero tenere testa alla enorme armata turca. Tavola di L.Cristini (da modelli di Ivan Cocker)

a sondare la volta con una saetta; ma la terra sconvolta, a causa dei bombardamenti, ha leggermente ceduto. Una nostra sentinella ha notato il ferro ed affannata è corsa a riferire. L'Alfiere Munatones, sopraggiunto, ha visto la punta della saetta che sporgeva ed ha chiamato uomini con picconi e badili ordinando loro di scavare sul lato destro di dove era apparso il ferro. Con pochi colpi si è arrivati al cunicolo. L'Alfiere vi ha gettato una pignatta e poi è saltato giù. Lo han seguito Fra' Pier Filippo della Corgna, Fra' Federico di San Giorgio e tre archibugieri. I turchi sono fuggiti, ma qualcuno è stato ferito prima che si fosse potuto mettere in salvo. L'Alfiere Munatones è arrivato allo sbocco del cunicolo, senza vedere un solo turco; ha fatto venire mastri muratori ed ha fatto murare la bocca del cunicolo; vi ha lasciato, però, più feritoie per archibugi, attraverso le quali si potessero anche osservare le mosse del nemico. Grande è stata la gioia del Gran Maestro, quando ha saputo della miracolosa liberazione da quel grande pericolo e subito ha reso grazie a Dio, come è suo costume. Molte volte, difatti, egli si reca da solo a S. Lorenzo a pregare non appena ha un momento di sollievo. All'Alfiere Munatones, in ricompensa del servizio reso alla Religione in questa occasione, Sua Molto Reverenda Signoria ha mandato una catena d'oro del valore di trecento scudi. Il Commendatore Buenensena che l'ha portata ha aggiunto che il Gran Maestro aveva mandato la catena, non come ricompensa ma piuttosto come pegno di stima e che egli sperava che l'Alfiere gli avrebbe dato l'opportunità di ricompensarlo come meritava. L'Ammiraglio Fra' Pietro del Monte, per la sua età avanzata e per le cattive condizioni di salute, dovute anche al continuo sforzo, si è ritirato nell'Albergia d'Italia. Il suo Luogotenente Fra' Pietro Giustiniani è a lui succeduto. A Fra' Carlo Scaravelli è demandato l'ufficio di provvedere ai fuochi lavorati e segue il suo compito con grande diligenza. Il Gran Maestro, visto che le condizioni di San Michele peggiorano di ora in ora, ha ritirato dalle Poste molti Cavalieri di tutte le Lingue e li ha comandati a San Michele. È giunto Don Vincenzo Carafa, Priore d'Ungheria, Capitano delle Riserve, ed ha preso posizione subito dopo la Posta del Maestro di campo.

31 luglio, martedì

L'ultimo giorno del mese i nemici, vedendo che il loro stratagemma è stato scoperto, hanno ricominciato a bombardare furiosamente. Tirano soprattutto sulle case e tralasciano le batterie. Ne approfittiamo per lavorare ai ripari e ai guasti prodotti. Sebbene il Gran Maestro abbia provveduto, per quanto possibile, alla salvezza delle donne e dei bambini, disponendo affinché abbiano a trovare rifugio in posti sicuri, tuttavia molti di essi sono periti sotto le rovine delle proprie case. L'ansietà del Maestro deve essere angosciosa, perché vede come siamo sempre più da vicino investiti, e perché non riesce ad avere più notizie né a poter comunicare con i nostri. I Turchi stavano tentando di ricostruire il ponte davanti alla Posta di Fra' Antonio Martelli, ma hanno subito abbandonato il tentativo, probabilmente perché dubitano del successo. Gli uomini che lavorano a San Michele sono molto esposti al tiro dell'artiglieria nemica. Per ridurre il danno al minimo possibile, il Maestro di Campo Robles ha ordinato che si piazzino in determinati punti delle vele di navi a mo' di tendoni, non per difesa, ma per impedire ai Turchi di mirare con precisione, e il provvedimento ha apportato grande vantaggio.

1° agosto, mercoledì

Il nemico non ha cessati mai di bombardare come di consueto, ma senza metodo. Ora tirano sulle opere, ora puntano contro le case; qualche volta anche in aria, forse per impressionarci con lo spreco delle munizioni. Questa notte è piaciuto a Nostro Signore che un uomo mandato dal Governatore Fra' Pedro de Mezquita sia potuto arrivare dalla Città Vecchia alle nostre linee latore di un mesSaggio. Il Governatore ci avverte di essere sempre pronti alle difese perché alcuni turchi catturati dai nostri Cavalli hanno riferito che un attacco generale su San Michele sarà sferrato il giorno 2 del mese. Sua Signoria ne ha dato immediatamente avviso al Maestro di Campo e agli altri Capitani, affinché stessero di continuo all'erta.

2 agosto, giovedì

Oggi, il nemico ha bombardato fino a mezzogiorno, dopo di che ha sferrato, con grandi forze, l'attacco contro San Michele. È, soprattutto, contro la Posta del Maestro di Campo e contro quella che è stata di Don Carlo Ruffo e dove Don Carlo è morto, che il nemico preme e si accanisce con maggiore violenza. La disperata resistenza opposta agli assalti che si rinnovano senza respiro, da quattro ore, nell'afa del pomeriggio, è efficace. Le opere più avanzate, però, hanno subito gravi danni dal bombardamento durato tutta la mattinata e non è stato possibile, in alcun modo, pone riparo ai guasti prodotti. In obbedienza agli ordini del Gran Maestro, i Capitani delle altre Poste di San Michele sono giunti in aiuto con i loro uomini alla Posta del Maestro di Campo. I Capitani sono Fra' Antonio Martelli, Fra' Estéban de Claramonte, Fra' Don Calceran Pegueta, Fra' Bernardo de Cabrera e Cola di Naro, Giudice di Malta. Continuando senza tregua il combattimento, più di trenta Turchi hanno raggiunto la cima della Posta. Appena vistili, Melchor Robles ed il suo Alfiere Munatones, seguiti da tre archibugieri, si son lanciati contro il nemico, armati di azze di fuoco, e tanto è stato il loro valore, che dopo averne uccisi un gran numero, hanno forzato gli altri ad indietreggiare. Era da qualche tempo che i Turchi tiravano a salve ed ecco perchè gli assalitori erano riusciti a raggiungere l'alto del muro. Ma i nostri accortisi dell'inganno non sono restati al coperto e si son lanciati contro gli assalitori. Dopo cinque ore di combattimento asperrimo, i nemici si ritirano, avendo perduto oltre 600 dei loro più arditi e valorosi guerrieri. Quaranta dei nostri migliori soldati son rimasti uccisi, molti feriti. E morto anche Don Fernando de Robles, nipote del Maestro di Campo. Molte delle nostre perdite oggi, sono dovute alla artiglieria nemica, perché quando i Turchi hanno visto che i nostri uomini erano così esposti, hanno aperto un fuoco violento ed accelerato. Conclusasi la ritirata del nemico, il Maestro di Campo si è gettato in ginocchio a rendere grazie a Dio per la salvezza còncessa, e davanti a tutti i presenti ha chiamato i tre archibugieri che l'avevano seguito e ha detto loro: "Signori, qui davanti a Dio, io vi assegno dieci scudi di paga supplementare, perché oggi sono stato testimone della vostra bravura. Se Don García non dovesse approvare, allora fin che vivo, prometto di pagarveli io stesso. Ma ho fiducia nella generosità del nostro Re il quale, allorché udrà del vostro valore, non solo confermerà la mia decisione, ma aumenterà l'assegno". Per il restante del giorno e durante l'intera notte, il nemico non ha cessato di bombardare con l'intento di terrorizzarci, mentre continuava nella costruzione di nuove trincee. Si può dire che tutto intorno non vi è più una sola pietra che non sia stata rimossa, nonostante che non ci sia nulla di più abbondante in Malta delle pietre. Difatti, ovunque esistono muri di pietra alzati a secco, come divisione fra un campo e l'altro ed il nemico usa sempre queste pietre per costruire ripari contro il tiro dei nostri archibugieri. L'indomito Gran Maestro ha ben ragione di temere, ma dissimula, come è suocostume, il tormento dell'animo. Il suo più gran cruccio è dato dalla mancanza di notizie da parte di Don García e dal fatto di essere in tutto all'oscuro dei disegni dei nemici. Non può mandare emissari né per terra né per mare, perché i Turchi hanno già riparata la catena posta all'imboccatura del Porto Grande, che era stata spezzata dall'ultimo fortunale. Quantunque le nostre opere siano in pessime condizioni e in molti punti addirittura spianate e le trincee nemiche a pochi passi da noi, egli ha reso noto che chiunque avesse catturato un turco, oltre all'onore guadagnato, avrebbe ricevuto un compenso di cinquanta scudi. E tutto questo nella speranza di poter ottenere qualche informazione sugli intendimenti del nemico. Il Commendatore Romégas, che molto soffre dell'angoscia di Sua Signoria, desiderando contentarlo in qualche modo, ha ieri notte fatto salpare una fregatina armata verso la imboccatura del porto, con istruzione di portarsi alla punta dell'Arenella: là, di solito, attraccano le imbarcazioni turche che trasportano gli uomini dalle navi alle trincee e alle batterie del Salvatore. La fregatina era quasi giunta, quando un brigantino l'ha speronata, costringendo gli uomini a gettarsi in mare. Tutti erano buoni nuotatori, la notte era oscura e son tornati sani e salvi, ma han perduto nave ed armi. Romégas, visto che il tentativo per mare è fallito, ha deciso di provare per terra. Allo scopo di spingere i suoi uomini, del cui valore è tanto orgoglioso, ha loro promesso di pagare di tasca propria cento scudi, oltre al premio offerto da Sua Signoria, a chiunque di loro avesse portato dalle trincee un turco prigione. Era tanto grande il suo desiderio di offrire al Gran Maestro quella consolazione, che, se Sua Signoria glielo avesse permesso, egli sarebbe andato di persona incontro al nemico, pur sapendo quanto grande fosse il pericolo a cui si sarebbe esposto: altri può cader vivo nelle mani dei Turchi, non un Romégas, che muore piuttosto di arrendersi. Gli uomini di Romégas, consci di quanto voleva il loro Capitano, hanno deciso di andare alle trincee del Salvatore e tentare di soddisfare questo suo desiderio.

3 agosto, venerdì

Nella notte del terzo giorno di agosto gli uomini di Romégas sono usciti dalla postierla bassa della casamatta di Alvernia, e, attraverso il fossato di Provenza, son penetrati nelle trincee più vicine, ma le hanno trovate vuote: i Turchi, di certo, si erano ritirati sul bastione, non appena avevano sentito i nostri avvicinarsi. Gli uomini son tornati a mani vuote, non avendo ottenuto altro risultato che spingere i Turchi ad appostare altre guardie al punto da cui i nostri eran venuti fuori. Il Gran Maestro è rimasto deluso e Romégas si è ancor di più rattristato, non essendo riuscito ad accontentare Sua Signoria. Juan Vàzquez de Aviles ha chiesto licenza di andare nelle trincee nemiche, benché sia stato malato e non ancora ben guarito. Egli ha supplicato con tanta insistenza il Gran Maestro, che questi ha acconsentito, consigliando, però, di prendere con sé tutti gli uomini che ritenesse opportuno. Juan Vàzquez ne ha scelti cinquanta.

4 agosto, sabato

Durante la seconda guardia di notte, Juan Vàzquez con de Quincy, un Frate Servente e cinque uomini sono usciti per primi. Nel buio fitto, arrivarono alle trincee nemiche nelle quali i Turchi, memori, di certo, della sorpresa subita ieri notte, non solo avevano raddoppiato le sentinelle, ma ne avevano poste altre avanzate, in imboscata. Juan Vàzquez ed i suoi compagni coraggiosamente si lanciarono contro il nemico, sicuri di essere dagli altri seguiti. Ma eran soli e lottarono fino alla morte. Sua Signoria è rimasto per tutta la notte alla Posta di Castiglia, in ansiosa attesa. È da immaginare il dolore del Gran Maestro quando, rientrato il gruppo, si è saputo che otto erano i mancanti. Fra gli otto vi erano persone di gran conto, dalle quali i Turchi avrebbero potuto conoscere, servendosi dei metodi di loro crudele tortura, quanto la nostra posizione sia vulnerabile. Juan Vàzquez de Aviles, per il suo grado di Sergente Maggiore, conosceva tutti i segreti.

5 agosto, domenica

Alle prime luci dell'alba, sui merloni della grande batteria sono apparse otto teste in punta ad otto picche. Sono le teste degli uomini perduti questa notte. Quelle dei due Cavalieri stanno piantate più in alto delle altre. Così Sua Signoria ha appreso che essi avevano mantenuto la promessa di morire, piuttosto che arrendersi. Durante il pomeriggio, dopo un intenso bombardamento, molti Turchi hanno attaccato San Michele. Lo scontro è durato due ore ma si son ritirati con molte perdite. Nella notte, durante la seconda guardia, non meno di 600 archibugieri si son portati nelle trincee di fronte ad Aragona, Francia, Provenza, Alvernia e Castiglia ed hanno sparato tre salve con la maggior celerità possibile. E tutto questo per far intendere al Gran Maestro quanto le loro trincee siano ben difese.

6 agosto, lunedì

Oggi lunedì il nemico della nostra Fede ha ingannato un soldato spagnuolo e lo ha indotto alla perdizione facendolo disertare. Era sposato con una gentile giovinetta di una buona casata del Gozo, dalla quale aveva avuto figliuoli. E come è uomo di talento e godeva della reputazione di essere buon soldato, non ha voluto compiere la infamante azione, senza darne una certa giustificazione, tanto da lasciar intendere che avesse ragione. Ecco come ha messo in opera il suo tradimento, così come mi è stato raccontato da José Castellòn, un gentiluomo catalano, che serve nella stessa Posta di quello, salvo quando fa parte delle compagnie di soccorso. Il nome di questo disertore è Francisco Aguilar ed aveva servito sotto il Commendatore Francisco de Guiral. Il dispensiere del Capitano aveva l'abitudine di dare ad Aguilar tutto ciò che richiedeva dalla tavola del suo padrone. Un giorno a questo sventurato venne la fantasia di chiedere alcune ghiottonerie, difficili a procurarsi in tempo di assedio. Il dispensiere gli disse che non aveva ciò che lui gli chiedeva e per tutta risposta Aguilar, non solo lo insultò, ma lo malmenò duramente. Ciò arrivò all'orecchio del Capitano il quale, da quel gentiluomo che è, temendo di perder la calma con quell'uomo, lo fece avvertito di non più avvicinarsi alla mensa della Posta: tutto questo, secondo me, era fatto per evitare di procurar noia e fastidi al Gran Maestro Illustrissimo. Ma con tutto che Aguilar fosse stato avvertito di non più comparire davanti al Capitano, si presentò ugualmente alla Posta, cercando qualche giustificazione alla sua disobbedienza. Appena il Commendatore de Guiral lo vide, non poté fare a meno di rimproverare acerbamente quel soldato incurante dei suoi precisi ordini. Francisco Aguilar si offese per essere stato apostrofato in quel modo, o piuttosto finse di offendersi, ed andò a San Michele, riferendo la cosa al Maestro di Campo Robles e prospettandola come se egli fosse stato vittima di una ingiustizia. Robles, colpito dalle sue maniere e dalla sua apparenza, avendolo spesso visto ben combattere, gli disse di restare con lui e promise che, se egli avesse dato prova di essere veramente un buon soldato, lo avrebbe favorito del suo meglio. E così Aguilar poté avvicinare il Maestro di Campo e avere occasione di venire a conoscenza di quanto accadeva. Altre volte accompagnava il Gran Maestro, ed entrando con lui nel Palazzo, riusciva ad esser presente nella Sala del Consiglio, dove i nostri Capi discutevano. E poiché era considerato buono e leale soldato, nessuno trovava motivo per farlo allontanare. Altre volte visitava le Poste e, da uomo esperto com'era, non poteva non constatare le nostre deficienze ed il numero esiguo dei difensori. Non contento di questo, più volte aveva posto domande a Bajada su quale via egli seguisse per andare e venire dalla Città Vecchia, quanto tempo impiegasse, e se incontrava sul cammino nemici. Bajada alla fine gli rispose che, se non lo avesse conosciuto come uomo d'onore e buon soldato, avrebbe riferito la cosa al Gran Maestro, perché ciò che egli domandava, nessun altro uomo avrebbe desiderato di conoscere: notizie di così vitale importanza, erano soltanto note ai componenti del Consiglio.

Aguilar si accorse di aver svegliato i sospetti di Bajada e nulla più disse. In possesso di tutte le informazioni che desiderava avere, decise di portare a termine il perverso suo divisamento. Ed ecco come ha agito. Oggi, sul far del mezzogiorno, con l'archibugio sulle spalle e portando in capo il suo elmo ornato di piume, se ne è andato alla Posta di Provenza e, pian piano, è disceso nella casamatta, dove è rimasto a lungo, parlando con i soldati suoi amici che eran di guardia. Quando sentì che in mezzo a loro era al sicuro, mise la miccia nella serpentina e andò ad appostarsi ad una troniera della Posta di Aragona, dicendo: "Non posso vedere uno solo di quei cani", dando a vedere quanto desiderio avesse di sparare sui nemici. Rimase in quella attitudine per un certo tempo. Quando pensò che fosse giunto il momento, diede un salto dalla troniera nel fosso e, via di corsa, verso le trincee nemiche della Burmola. Al grido dei soldati, da tutte le Poste di Provenza, di Francia, di Aragona e di San Michele, si è mirato e sparato su di lui, ma Iddio non ha permesso che egli venisse ucciso. I Turchi ieri hanno fatto la bravata di sparare una salva dietro l'altra ed oggi, sul far della notte, il Gran Maestro ha deciso di rintuzzare la loro provocazione. Non sopporta di esser da meno di loro e ad un gesto di sfida risponde con un altro ancor più forte e senza dar mai a conoscere il suo vero sentimento. Quando, dopo la caduta di Sant'Elmo i Turchi accesero i fuochi alla Marsa, Monsignore ordinò grandi luminarie a Birgu, così come era stato sempre fatto la vigilia di San Giovanni. Non voleva mostrare al nemico la pena che lo affliggeva per la morte di tanti valorosi e la perdita del Forte. E questa volta Monsignore ha dato ordine a tutti coloro che sono in possesso di archibugio e sanno tiraare, di presentarsi ai ripari, su tutte le mura del Borgo, di San Michele e Sant'Angelo ad un'ora e più di notte, ed ha fatto sparare, di concerto, una salva; poi abbiamo caricato e scaricato per quattro volte tutti nello stesso momento e con tale rapidità, che la terra pareva si fosse incendiata. Il nostro tiro dava l'impressione che per lo meno cinquemila archibugieri vi fossero impegnati. I Turchi ogni giorno ci gridano che non abbiamo molti uomini. Per illuderli, il Gran Maestro ha fatto consegnare archibugi anche a coloro che non li avevano. Quando quei cani dei Turchi hanno visto lo spiegamento di forze, hanno risposto con spari che volevan essere di scherno: ma è sicuro che sono rimasti scossi dalla nostra sparatoria, che poteva dimostrare come noi avessimo uomini sufficienti a difendere le opere. Durante la notte la loro artiglieria ha tirato su tutte le Poste. Una scheggia di palla, tirata dal Corradino, ha colpito a morte il Conservatore Conventuale Cortit che stava osservando il tiro dall'alto della sua casa. Il Gran Maestro ha dato incarico ad un Cavaliere italiano, Francesco La Motta, Ricevitore dell'Ordine in Sicilia, di succedere al Conservatore morto. Tutte le nostre opere, come ho detto, sono quasi rase al suolo. È facile prevedere che il nemico attacchi e la Posta di Castiglia e San Michele contemporaneamente. Il Gran Maestro invia sempre rinforzi a San Michele, pur avendo bisogno di uomini per la Posta di Castiglia. Sua Signoria è stato informato della diserzione di Aguilar e ne è rimasto molto colpito. Egli lo conosceva come soldato valoroso ed uomo perspicace. Ricorda che era stato a lui permesso di entrare nel Palazzo e che aveva avuto la possibilità di girare per le Poste. Sua Signoria prevede le conseguenze di questo e, quel che è peggio, pensa che Aguilar possa rivelare al nemico i lavori che eseguiamo e la posizione pericolosa nella quale ci troviamo. Ma dovrà pur dire al nemico sulla nostra determinazione di morire prima di arrenderci o di permettere che il Turco si renda padrone dei nostri Forti. Conoscendo le qualità di Aguilar, Sua Signoria Illustrissima non ha preso alla leggera le conseguenze della sua diserzione, al contrario: ha adottato una serie di provvedimenti, che devono ostacolare i piani nemici ed assicurare quanto più possibile la nostra sicurezza. Ha ordinato che il Commendatore Fra' Estéban de Claramonte lasci la Posta dello Sperone di San Michele alla gente della Galera Capitana e passi a Castiglia con la gente della Galera San Gabriele, assegnandogli la coronetta dietro la Posta, nel tratto fra Buenensena e Maldonado; qui, nonostante che la prima muraglia sia rasa, è stato approntato un contraffosso con casamatta ed una buona incassata poco più indietro. Ha ritirato Cavalieri e soldati da tutte le Poste che non appaiono minacciate, e li ha divisi fra la Posta di Castiglia e San Michele. Ha dato inoltre ordine che al suono dell'arme il Commendatore de Guiral con i suoi uomini ed i Pilieri d'Inghilterra e di Alemagna con i loro, si radunino in piazza d'armi. Le Poste più minacciate devono essere ben rifornite con sacchi di polvere, di zolfo, palle di cannone, pignatte, granate ed ogni sorta di fuochi lavorati, accuratamente poi custoditi, sotto severa e diligente guardia. Devono essere anche ben fornite di tavole irte di chiodi, da piazzare là dove si può sospettare che il nemico dia la scalata alle nostre opere. Ed infine, non appena un'opera è attaccata, deve essere immediatamente rifornita di polvere da sparo per archibugi, pallottole di piombo e gran quantità di miccia. Ogni mattina, poi, all'Ave Maria, tutti i fuochi devono essere subito accesi, i grandi cerchi, l'invenzione di cui ho parlato, debbono essere spalmati di pece fresca, la pece nei calderoni portata ad ebollizione e ogni cosa deve esser pronta perché di certo un violento attacco sarà contro di noi lanciato. Noi eseguiamo gli ordini con ogni sollecitudine. Lavoriamo senza concederci riposo. Siamo in continuo allarme, mentre da parte nemica è silenzio.

▲ Giannizzero turco con granata 1560 circa. Tratto da ..Türckey und gegen Orient, Nicolas de Nicolay 1572 - Heidelberg Biblioteca

▲ Epitaffio del Johanniterritters Ulrich von Rambschwang vittorioso sui Turchi. Ulrich era nel 1565 in difesa di successo di Malta. Dalla chiesa casa tedesca a Wurzburg al 1601.

7 agosto, martedì

Ad un'ora prima del levar del sole, abbiamo potuto vedere i Turchi che dal Corradino hanno cominciato a muovere su San Michele, mentre quelli della flotta sono stati trasportati con le imbarcazioni da Marsa Muscetto al Salvatore. È il segno che i Turchi verranno all'assalto quest'oggi. Allo spuntar del giorno, infatti, hanno dato l'assalto generale tanto su San Michele quanto alla Posta di Castiglia con sparatoria, rullare assordante di tamburi e risuonar di acute trombe così intenso, che avrebbero potuto anche meravigliare e spaventare, se la esperienza passata non ci avesse resi edotti in proposito. La forza degli attaccanti, a San Michele si può calcolare sugli 8.000 e alla Posta di Castiglia sui 4.000. Attaccano simultaneamente, come è loro costume e come, del resto, noi avevamo previsto. Ma da quando essi hanno lasciato le loro trincee per venire all'assalto, noi siamo tutti al nostro posto. I cerchioni sono accesi, il catrame in ebollizione, tutti i materiali pronti, in modo che, raggiunte le opere, saranno ricevuti come quelli che sono da tempo attesi. Gli assalti sono stati quest'oggi violentissimi e portati con grande coraggio, con molta acredine e molto sanguinosi. Il più grande sforzo è stato rivolto contro la Posta del Maestro di Campo Robles e contro quella della Burmola, dove comanda Don Bernardo de Cabrera. Sono le Poste più vulnerabili; così come sono state spianate, sembrano le più facili a conquistarsi. È là che la più grande devastazione è stata apportata sul nemico dai fuochi lavorati e dal tiro delle traverse delle due Poste; queste si fronteggiano e si sostengono a vicenda con un fuoco incrociato che il nemico, in pieno, deve subire. Durante tutta la azione la loro artiglieria non ha sparato, come è solita fare, per non correre il rischio di colpire i propri uomini che stanno in formazione chiusa e molto esposti. Noi eravamo bene al coperto, fatti accorti dai danni in passato subiti. Benché l'attacco contro San Michele sia stato severo e sostenuto, quello portato alla Posta di Castiglia non è stato meno deciso e la situazione è divenuta a Castiglia talmente seria, che un Cavaliere è corso dal Gran Maestro, il quale in piazza d'armi era in attesa con le riserve, pronto a correre dove il suo intervento poteva essere richiesto, e gli ha detto:,"Vostra Signoria soccorra Castiglia. I Turchi stanno per entrare". Calmo, senza alterarsi, Sua Signoria si è rivolto verso i suoi Cavalieri e: "Signori Cavalieri", ha detto, "andiamo a morire lì, che giunto è il giorno". E sereno, intrepido, tolto l'elmo dalle mani del paggio e la picca dalle mani dell'altro, si è avviato verso la Posta di Castiglia, da tutti seguito. Giunto alla porta del secondo trinceramento, il Priore di Sciampagna, il Balì dell'Aquila, il Conservatore La Motta, il Capitano Romégas e il Commendatore Saquenville hanno tentato di dissuaderlo dal recarsi in un luogo così pericoloso, ma con loro grave disappunto, egli ha insistito ed ha raggiunto la punta del cavaliere di Castiglia, dove i Turchi erano già entrati. Era colà ancor più esposto ai tiri del Salvatore e della Calcara e non lo hanno lasciato fin tanto che non è sceso giù alla batteria di Claramonte. Ma come, guardando in alto, ha visto la punta della Posta di Buenensena piena di Turchi, ha tolto un archibugio ad un soldato, e presa la mira, accesa la serpentina, ha gridato: "Qui figliuoli, qui, tutti da me". Al grido tutti noi che stavamo in quella batteria, puntammo e tirammo a fuoco accelerato, mentre quelli che eran postati più sopra, lanciavano pignatte, carcasse, pietre, sul nemico con tale disperata furia, da costringerlo a ritirarsi con forti perdite. Quando i Cavalieri Comandanti han visto che non eravamo più in pericolo, hanno persuaso il Gran Maestro ad allontanarsi dal posto dove era, circondato da più di venti morti. Sua Signoria ha acconsentito: egli è un buon capitano e sa che, dopo Iddio, la nostra salvezza sta nella sua vita. Non intendeva però riposare; è arrivato solo alla posterla di ritirata. Vuol restare fra i soldati, perché non vuole che possano affrontare la morte imprudentemente. Noi sappiamo che è sempre tanto penoso per lui di veder morire i suoi, benché da forte, dissimuli il suo sentimento. Monsignore è stato ferito ad una tibia, ma non per questo ha abbandonato il comando, anche se trascina la gamba avvolta nelle bende. Per un momento la bandiera reale del Gran Turco, dalla lunga bianca coda di cavallo ornata di fiocchi, è stata vista su Castiglia alla Posta di Buenensena. Abbiamo lanciato molti uncini per coglierla e siamo riusciti ad agganciarla. Tirando noi, e resistendo i Turchi, è caduta la mezzaluna che la sormontava e finalmente la bandiera tutta con i fiocchi di seta e d'oro bruciacchiati. L'attacco è durato nove ore, dall'alba fino a mezzogiorno passato. I Turchi più di dodici volte sono stati rilevati da gente riposata. Noi non si aveva per ristorarci che vino annacquato e pane, grazie alle cure che Monsignore ha per noi. Non potendo dare il cambio, dato il nostro esiguo numero, Sua Signoria, aveva predisposto che molti buglioli di vino annacquato e pane fossero distribuiti a tutte le Poste. Ogni Posta doveva avere anche più barili di acqua salata per i sofferenti di bruciature. Se non ci fossero state tutte queste provvidenze, non sarebbe bastata forza umana per resistere alla furia ed alla pertinacia dei Turchi, soprattutto perché noi si era in così pochi contro il loro stragrande prepotere. La vittoria è stata ancora una volta nostra, più, invero, per soccorso divino, che per umano valore. Il nemico oggi voleva dare l'ultimo decisivo assalto: nessun uomo in grado di combattere era stato lasciato al campo o sulle navi della flotta. Nessuno di noi poi, con tutto l'aiuto e lo incoraggiamento che ci veniva dal Gran Maestro, era più in grado di reggersi in piedi, esausto per la fatica e per le ferite. Nostro Signore Iddio è venuto allora in nostro aiuto in questo modo. Dopo gli attacchi che di continuo si rinnovavano, Nostro Signore ha ispirato i Comandanti dei nostri cavalieri che erano nella Città Vecchia. Come è loro costume, erano usciti alla scoperta e in tutto il giorno non si erano imbattuti in un sol turco. Si erano spinti pertanto sempre più lontano fíno ad arrivare, indisturbati, alla Marsa, dove preciso si palesò loro il grande pericolo che stava correndo la Religione. Non sapendo cosa fare per portarci aiuto, contando soltanto un centinaio di Cavalli ed altrettanti fanti, si precipitarono sui malati, sulla gente inutile, che trovavasi negli alloggiamenti turchi della Marsa, e ne menarono strage. Continuarono a passare per le armi tutti coloro nei quali s'imbattevano sempre gridando: "Vittoria, il Soccorso, Vittoria, il Soccorso". I Turchi della flotta che erano sull'altura di Sant'Elmo, furono i primi ad accorgersi di quanto accadeva alla Marsa e, formate le squadre, in buon ordine, si avviarono verso il combattimento. I Turchi che erano all'attacco delle Poste di Castiglia e di San Michele e ai quali non era sfuggito il movimento di quei di Sant'Elmo, con grande sorpresa, ad un tratto, li videro dirigersi di corsa verso la flotta. Si fermarono allora e cessarono di combattere. Nello stesso tempo al Pascià doveva giunger notizia che tutta la genta lasciata negli accampamenti della Marsa era stata trucidata e le tende depredate e bruciate. La voce si diffondeva nelle trincee nemiche e si ingrandiva sempre di più, al punto che tutti erano ormai certi dell'arrivo di forti soccorsi; era perciò necessario ritirarsi con tutta fretta, per non essere circondati e sgozzati. E benché false, le voci ebbero sí grande effetto sui nemici che, senza attender ordini, abbandonarono le trincee. Quelli che erano contro Castiglia furono i primi ad abbandonarle, ma, emergendo dal fossato, si trovarono sotto il fuoco dei nostri archibugieri della Posta di Alvernia e molti rimasero uccisi. Quelli che stavano attaccando San Michele, pur avendo notata la corsa degli uomini di Sant'Elmo, rimasero esitanti; ma quando cominciarono a giungere i feriti, i quali di mille volte esageravano la consistenza e la ferocia delle nostre forze, si precipitaron fuori dalle trincee e nessuno dei loro capi riuscì più a fermarli. L'improvvisa ritirata dei Turchi ci aveva lasciati sgomenti, perché non sapevamo darcene spiegazione. Pensavamo che potesse esser provocata da disaccordi tra i Comandanti nemici come spesso accade in guerra, da ordini mal ricevuti o dal Soccorso tanto atteso che, sbarcato, li avesse accerchiati. Ma presto vedemmo, ritti sui parapetti, sui merloni, gli uomini della Posta dei Siciliani e li udimmo freneticamente gridare: "Vittoria, vittoria, il Soccorso, il Soccorso": il grido passava di Posta in Posta e mentre rianimava noi, spaventò i Turchi. Nessuno di loro era più nelle trincee, nessun Cristiano era più dietro ai ripari. I Pascià non avevan contezza di quanto stava accadendo. Vedemmo Mustafà Pascià riunire i suoi uomini e marciare, in buon ordine alla volta di Santa Margherita, di certo con il proposito di appoggiarsi alla batteria colà piazzata. Erano tutti stupiti e non credevano che un pugno di uomini avesse potuto ottenere vittoria, mettendoli in sí grave difficoltà e creando tra loro panico e disordine. Avanzavano a bandiere spiegate contro i nostri uomini, ma le nostre avanguardie facevan buona guardia. Alla fine quelli della Città Vecchia, dopo aver ucciso molti Turchi, sono tornati nei quartieri in perfetto ordine e senza perdere un sol uomo; ogni uomo a cavallo aveva preso in groppa un fante. Davanti a S. Michele sono morti più di 2.000 Turchi e più del doppio almeno sono i feriti. Soltanto a Castiglia ne son morti più di 200 tra i più insigni. Tra questi v'è Uccialí, il greco. Da parte nostra son morti 51 Cavalieri, 14 Serventi d'Arme e 4 Cappellani.

Ne trascrivo i nomi:
Della Lingua di Provenza sono caduti:
7 Cavalieri: Fra' Antoine de Thézan de Poujol, Fra' Francois de l'Estrade-Floyrac, Fra' Francois de la Valette-Parisot, Fra' N. d'Alons, Fra' Jean de Corneillan-Magrin, Fra' N. de Lambes, Fra' Claude de Faudran-Laval.
3 Serventi d'Arme: Fra' Jacques Pagetti, Fra' Scipion Durre, Fra' Jacques Feyllare.
Della Lingua d'Alvernia sono caduti:
1 Cavaliere: Fra' Antoine du Fay de Saint Romain.
1 Servente d'Arme: Fra' Antoine Bernard.
Della Lingua di Francia sono caduti:
8 Cavalieri: Fra' Frangois de la Boussière-Carouan, Fra' Magdelon de Groussy-Boingly, Fra' Raoul Trimorel de la Trunolerie, Fra' Pierre Bureau de la Motte, Fra' Olivier de la Tour de Bonnemic, Fra' Guillaume de la Motte, Fra' Adrien de Talmet, Fra' Nicolas de Poitevin du Plessis.
8 Serventi d'Arme: Fra' Pierre Blanc, Fra' Pierre Burian, Fra' Fermin Verdurre, Fra' Pierre Le Clerc, Fra' Jean Bernal, Fra' Baptiste de Magly, Fra' Frangois de Mellet, Fra' Tilman Tusbar.

2 Cappellani: Fra' Laurent Olivier e Fra' Martin Douay.
Della Lingua d'Italia sono caduti:
13 Cavalieri: Fra' Antonio Saccano, Fra' Carlo Paladino, Fra' Franceco Daniele, Fra' Girolamo Romano, Fra' Annibale Strozzi, Fra' Cesare Dentice, Fra' Girolamo Speziale, Fra' Giovan Antonio Landolina,
Fra' Niccolò del Bene, Fra' Vincenzo Lo Perno, Fra' Niccolò di Settimo, Fra' Giovan Giriamo Anfora, Fra' Scipione de' Patti. 1 Servente d'Arme: Fra' Ottaviano del Fiore. 2 Cappellani: Fra' Antonio Mazza, Fra' Domenico Sbarra.
Della Lingua d'Aragona sono caduti: 9 Cavalieri: Fra' Pedro Felices de la Nuza, Fra' Juan Luis Cortit, Fra' Francisco Ximénez, Fra' Alfonso de Frago, Fra' Jeronimo Zapata, Fra' Bautista Daoiz, Fra' Diego Garcia Metesìn, Fra' Enrique de Montelòn, Fra' Miguel de Penaroja.
Della Lingua d'Alemagna sono caduti: 2 Cavalieri: Fra' Georg von Hassemburg e Fra' Hieronymus von Rekuk.
Della Lingua di Castiglia sono caduti:
11 Cavalieri: Fra' Luis de Paz, Fra' Fernando de Centino, Fra' Luis Godoy, Fra' Francisco Ruyz de Medina, Fra' Francisco de Vivero, Fra' Baltasar Payva, Fra' Juan Vázquez de Aviles, Fra' Bartolomé de Ma-cedo, Fra' Diego Brandaón, Fra' Estéban Calderón, Fra' Bernabé de Acuna.
1 Servente d'Arme: Fra' Rodrigo Godínez.
Nella difesa del Borgo sono rimasti feriti:
1 Cavaliere Italiano: Fra' Cencio Guasconi.
4 Cavalieri Aragonesi: Fra' Antonio Fuster, Fra' Gabriel Cerralta, Fra' Ramón Fortún, Fra' Martin Morgut, Fra' Francisco Torrellas.
3 Cavalieri Castigliani: Fra' Juan Martín Nieto, Fra' Pedro Buenensena, Fra' Rodrigo Maldonado.

Tra i feriti vi è pure Don Jorge de Fabellon e l'Alfiere Munatones, al quale, si è detto, che uno dei nostri soldati abbia inavvertitamente trapassato, con un'archibugiata, la mano destra. Bene hanno combattuto, insieme con gli altri, il Maestro di Campo Melchor de Robles, il Priore d'Ungheria, Don Francisco de Burgues, Fernando de Heredía, il Capitano Martelli, Don Juan Mascòn, Don Bernardo de Cabrera, il Cavaliere Gregorio Adorno e Giovanni Murat-to. Tra i soldati: il Sergente Chaparro, il Luogotenente di Martelli, Silvestro del Testo, Giulio Crudeli, suo Alfiere, Matías de Ribera e il Sergente Chiacon. Ed ancora: Geronimo, uno schiavo del Commendatore Fortún che fu ferito da un gancio di ferro mentre combatteva su di un parapetto, Mastro Bartolomé majorchino, attendente del Commendatore Cerralta ed altri servitori di Cavalieri. Anche molti Maltesi hanno valorosamente combattuto. Coloro che si son distinti alla difesa della Posta di Castiglia, primo fra i primi, il molto valoroso Signor Fra' Jean de la Valette, degnissimo Gran Maestro del Sacro Ospitale di Gerusalemme, nostro Generale, il Commendatore Pedro de Buenensena, il Commendatore Cencio Guasconi, Don Juan de Mendoza, Don Vasco de Acuna, il Capitan Romégas, il Commendatore Pierre de Giou, il Commendatore Saquenville, Fra' Estéban de Claramonte, Donjuan de Zaportella, Don Rodrigo Maldonado, Don Alonso Frago e molti Cavalieri della Religione, soldati di ventura e servitori dei Cavalieri. Tra i soldati Maestro Marco, maltese e sartore del Gran Maestro combatté molto bene. Vincenzo Cigala, scrivano, Nicolò Rodio, Mastro Juan Oliver, Lorenzo Puche de Majorca, Mendoza e Perijuan Alegre combatterono alla Posta di Claramonte. I Cavalieri che non han preso parte al combattimento, han reso tuttavia gran servizio, poiché, per ordine del Gran Maestro, sono rimasti di guardia alle altre Poste, molto poco sorvegliate, dato che molti Cavalieri e soldati erano stati inviati sulle posizioni minacciate. Voglio ricordare il valore dimostrato sempre nei combattimenti da tutti i Cavalieri della Religione più giovani, quasi ragazzi, di tutte le Lingue, che sempre sono stati con coraggio sulle batterie e sempre si son lanciati nei punti più pericolosi, prendendo il posto dei caduti, sereni, forti come fossero vecchi soldati. Si son comportati intrepidamente, senza piegare alla vista di tante orribili morti delle quali sono stati continuamente testimoni. E poiché non tutti i loro nomi sono a me noti, preferisco tacerli per non apparire parziale. Appena tutti i Turchi si sono ritirati da San Michele, il Maestro di Campo Robles, alla presenza di tutti noi, si è inginocchiato ed ha reso grazie a Nostro Signore per la grande vittoria che si era compiaciuto di concederci. Con un messaggio ha richiesto al Gran Maestro di poter assistere ad un Te Deum cantato in San Lorenzo. Il portatore di questo messaggio non ebbe bisogno di consegnarlo, perché trovò il Gran Maestro nella Chiesa di San Lorenzo, mentre ringraziava il Signore, come è solito sempre fare dopo una vittoria riportata sui Turchi ed il Te Deum invocato da Robles è stato cantato con grande solennità. Al termine, siamo andati in processione e se questa non è riuscita così imponente come quelle che la Religione è solita seguire, le lacrime di molti uomini e di molte donne dimostravano la loro profonda devozione. I Cavalieri che son venuti in nostro aiuto con i Cavalli sono il Commendatore de Leugny, che ha preso il posto di Boisberthon ferito e il Commendatore Vincenzo Anastasi. Devo riferire che alcune persone, facendo mostra di aver sollecitudine per la salute di Sua Signoria, considerando che le brecce sulle muraglie erano molto larghe e ritenendo che non avremmo potuto tenere le posizioni conquistate, hanno voluto consigliare il Gran Maestro di ritirarsi a Sant'Angelo con i migliori tra i Cavalieri e il restare, sicuro, ad attendere l'arrivo del Soccorso. Siamo venuti a conoscenza del consiglio che si è voluto dare ed ognuno ha chiaramente manifestata la sua opinione sui consiglieri; ma Monsignore che per la Religione è lieto di morire per primo, come risposta ai consiglieri, ha ordinato che fossero portate via da Sant'Angelo le reliquie e quanto vi fosse di valore, e che si facesse precipitare il ponte, perché a tutti fosse ben chiaro che non dovevamo ritirarci ma dovevamo difendere il Borgo fino alla morte. Debbo ricordare che i Turchi, prima di dare l'ultimo assalto, avevano già raggiunto l'entrata del fossato della Posta di Castiglia attraverso trincee coperte. L'entrata del fossato era difesa dalla casamatta della Posta di Alvernia con otto troniere, quattro sopra e quattro sotto, nel fossato; ma a causa dello spazio limitato, non era stato possibile postare pezzi pesanti. Quando i Turchi raggiunsero l'ingresso del fossato e videro il motivo per cui subivan tanto danno ogni qualvolta venivano all'attacco di Castiglia o quando eran costretti a ritirarsi, decisero di costruire una trincea alla bocca del fosso. Questa avrebbe permesso loro di entrare e di uscire, mentre sarebbe stata abbastanza forte per resistere al fuoco dei cannoni della casamatta. Essi giunsero al rivestimento della controscarpa del contraffosso senza che noi potessimo seriamente molestarli, pur continuando a gittare su di loro massi e pignatte oltre il parapetto. È su questo parapetto che Fra' Estéban de Calderòn ha perduto la vita, per voler osservare che cosa il nemico facesse. Arrivati i Turchi alla muraglia, vi scavarono una apertura, attraverso la quale cominciarono a gittare terra e fascine nel fossato. Lavoravano però sotto il tiro di un cannone medio, che il Capitano Romégas era riuscito a piazzare e con il quale li prese di mira e li colpí duramente per tutto il giorno, causando loro molto danno; e poiché la piazzola del cannone era molto stretta, per impedire che a causa del rinculo, la cassa non si riducesse in pezzi, Romégas fece porre dietro al cannone un mucchio di gomene per attutirne l'urto. I Turchi però, completata in buona parte la trincea, si trovarono al sicuro e poterono portarla a termine con la cura voluta e senza correre pericolo. Il Gran Maestro, informato, aveva considerata la impossibilità di impedire il completamento dell'opera ed aveva dato ordine di scavare un cunicolo sul diritto della trincea, nel muro del cavaliere, per battere così l'ingresso del fossato e per poter all'occorrenza uscire e tentare di distruggerla. Malauguratamente, oggi quando il cunicolo è stato terminato, ci avvediamo che la batteria della Calcara, da cui eran state sempre bombardate le traverse della Posta di Don Rodrigo Maldonado, lo prende in pieno d'infilata con due pezzi. Abbandoniamo l'opera e predisponiamo altre difese.

8 agosto, mercoledì

Nelle trincee nemiche si vedono pochi Turchi. Siamo venuti a conoscenza di una forte azione di rappresaglia contro la nostra cavalleria che il nemico oggi ha tentato. Con l'intendimento di poterla affrontare in campo aperto, dopo aver preparato tre imboscate, una al Boschetto del Gran Maestro, un'altra a Casal Zebbug e la terza a San Domingo, un buon numero di archibugieri turchi si è recato alle piane della Città Vecchia e ha preso a disperdere il bestiame che ivi pascolava. I nostri uomini sono usciti dalla città per impegnare il nemico, che artatamente si è allontanato combattendo, per trascinare i nostri lontano dalla Città, verso i luoghi dove avrebbero potuto aver ragione di loro. Ma, dopo aver inseguito il nemico per un certo tempo e recuperato il bestiame, i nostri volsero verso la Città e scoprirono i Turchi appostati in imboscata, pronti a circondarli. Il Capitano Anastasi e il Capitano Leugny, intuito il pericolo, lasciato il bestiame dove la nostra artiglieria poteva proteggerlo, caricarono i Turchi e ne uccisero più di cinquanta, ponendo i restanti in fuga. Noi abbiamo perduto dodici fanti e trenta uomini a cavallo. La preparazione da parte dei nemici delle imboscate, ci rivela la ragione per cui stamane abbiamo visto così pochi nemici nelle trincee. L'artiglieria soltanto ha tirato, e debolmente, sulle case. Con i Cavalli era il Capitano Andrés Salazar, il quale era stato inviato da Don García alla Città Vecchia, perché, quale vecchio ed esperto soldato, potesse assumere informazioni sul Inemico e sulla situazione generale, e ne potesse poi riferire. Con grande soddisfazione, il Cavaliere Salazar, uscendo con i Cavalli di Leugny, ebbe la possibilità di riconoscere le terre di San Leonardo e del Belvedere, notare come i Turchi eran disseminati per l'isola, e studiare il mezzo più acconcio per poterli affrontare e sconfiggere, con forze non numerose, e di tutto si ripromise di render conto a Don García. Vincenzo Véntura, con la sua Compagnia, fu inseguito dal grosso delle forze turche. Ma, buon soldato e di grande esperienza, giunto in una valletta, saltò da cavallo insieme con i suoi. Favoriti dalla oscurità e dalla asperità del terreno, raggiunsero la Città Vecchia, dove li avevan già dati per perduti. Oggi, finalmente, i nostri si son misurati, lancia contro lancia, con Pialì, che aveva voluto prender

▲ Vista aerea di Medina, l'antica capitale dell'arcipelago.

parte alle imboscate. Rinnegati hanno riferito che l'umiliazione subita dal Pascià e da tutti i Turchi dopo il ritiro da San Michele, fu grande, soprattutto allorché compresero d'esser stati sconfitti da così pochi uomini. Il risentimento del Serraschiere si riversò su Pialì e chiaramente lo rimproverò, sostenendo che, se dopo aver radunato gli uomini di Sant'Elmo avesse marciato sulla Marsa, lo sconforto tra la gente non avrebbe avuto ragione di prodursi. Anche se non fosse stato possibile avanzare, non doveva ritirarsi con tanta fretta e disordine. Piall pare che abbia replicato di aver ricevuto una informazione con cui si dava per certo lo avvenuto sbarco in gran forza dei Cristiani. In tale situazione era suo dovere salvare la flotta, ben conoscendo come il Gran Signore si preoccupi più di questa che dell'esercito. Dopo aver così rudemente replicato, ha lasciato Mustafà a meditare su quanto aveva creduto di dirgli.

9 agosto, giovedì

Stamane i nemici han bombardato fin verso mezzogiorno, quando hanno eseguito un falso attacco a San Michele e alla Posta di Castiglia. Si sono poi ritirati senza risultato alcuno. I Turchi, già padroni della bocca del fossato di Castiglia dove avevan fatto una colmata con pietre e fascine per asciugare la poca acqua che vi scorreva, han dato mano ad una nuova trincea che, partendo dalla riva del mare, così come avevan fatto a San Michele, deve arrivare fino alla Posta del Commendatore Don Rodrigo Maldonado. Nello stesso tempo a San Michele, di fronte alla Posta del Maestro di Campo, i nemici hanno tracciato un cammino ben coperto.

10 agosto, venerdì

Per tutta la giornata il bombardamento nemico è stato debole. All'ora del pasto più di mille Turchi eran già sotto San Michele. Questa azione può considerarsi un vero e proprio assalto, perché son venuti in forza, s'è combattuto per più di due ore e le loro perdite devono essere oltre il migliaio. Hanno rinnovato più volte il tentativo con grande accanimento, lasciando molti morti sul terreno. Non è stato necessario inviare da Birgu rinforzi a San Michele; ed è stato bene. Siamo sicuri che l'azione è stata portata per distrarre grossi rinforzi da Birgu, dove sta la Posta di Castiglia, contro la quale avrebbero poi dato l'assalto.

11 agosto, sabato

Questa notte, alla prima guardia, ha avuto inizio un tiro continuo da molte batterie su San Michele. Il Maestro di Campo è morto. Voleva accertarsi di persona degli effetti del bombardamento, portando la sua attenzione sul passaggio coperto che i Turchi avevano costruito di fronte alla sua Posta e per questo è salito in alto sulle opere. Per volere di Dio e per sua mala sorte, non portava la celata a prova di archibugio, che sempre era solito avere in capo, proprio nel momento che avrebbe dovuto portarla. Mentre sportosi, era intento ad osservare nel fossato, una archibugiatè partita dalle trincee nemiche e lo ha colpito alla tempia. È caduto senza proferir parola. Stamane all'alba, ha reso l'anima a Dio, circondato da tutti noi, muti, angosciati.

12 agosto, domenica

Oggi tutti aspettavamo l'attacco secondo quanto era stato riferito da un rinnegato. Ma è pervenuta nuova che è stato rimandato perché una mina, che i Turchi avevan scavato sotto la Posta di Castiglia, non è ancor pronta. Ci siamo affrettati a scavare un largo pozzo di contromina e siamo riusciti nell'intento. Un soldato spagnuolo, chiamato Matamoro, ha ucciso con il suo archibugio quattro Turchi che non avevan fatto in tempo a fuggire. Il corpo del Maestro di Campo Robles è stato deposto a San Lorenzo in un feretro coperto di velluto nero con una gran croce. Se, con l'aiuto di Dio, l'assedio finirà bene per noi, Sua Signoria Illustrissima intende inviarne il corpo ai parenti. Nessuno dei suoi bravi soldati ha voluto recarsi a vedere la salma, non perché non lo amassero più della loro vita, ma per non mostrare la propria debolezza che dalle loro lacrime sarebbe apparsa. Essi dicono che Dio ha ricevuto la sua anima e che vi sono ancora molti Robles vivi, anche se egli è morto. Anche Munatones, che era stato ferito a Birgu, è morto. Il Gran Maestro ha dato incarico a Chaparro, che è Sergente della Compagnia, di succedergli nel comando. Il Balì dell'Aquila ha preso il posto del Maestro di Campo Robles e Don Pedro de Mendoza, un anziano Cavaliere della Lingua di Castiglia, uomo di grande coraggio e valore, è stato nominato Capitano delle Riserve.

13 agosto, lunedì

Il tiro delle artiglierie turche è diretto soltanto su San Michele e sulle case. Ma a Castiglia, sulle macerie della Posta di Buenensena, i nemici han cominciato ad elevare un cavaliere con sacchi, travi, pietre, dal quale possono dominare la Posta dei Genovesi. Continuiamo, per contrastare il loro disegno, a far piovere su di loro fuochi, carcasse, cesti petrieri, senza un buon risultato di poterli colpire, dato che nessun uomo può osare di sporgersi per il numero degli archibugieri sempre appostati nelle trincee.

14 agosto, martedì

Il Gran Maestro, sempre previdente, ha osservato il pericolo della nuova opera dai Turchi iniziata e ha dato ordine di costruire più indietro una incassata larga venti piedi. Mentre sorvegliava i lavori è stato ucciso da un colpo delle artiglierie Juan de Funes. Matamoro, che ieri tanto si era prodigato, è morto oggi.

15 agosto, mercoledì

I Turchi hanno terminato il cavaliere, ma si son accorti che noi siamo corsi ai ripari e che per entrare è necessario sormontare la nuova incassata che è alta più di un uomo, unico ostacolo che oramai separa la Posta di Castiglia dal nemico. Il nemico, però, ha ora la possibilità di tirare dall'alto su tutti coloro che entrano nell'opera e su tutti quelli che, sotto di noi, difendono la Posta di Claramonte tra Buenensena e Maldonado. E difatti si accingono a costruire una piazzuola, capace di venti uomini, e, presso la Posta di Maldonado, una trincea con molte feritoie per archibugio, dalle quali possono tirare, senza che noi vi si possa porre riparo. Il Gran Maestro, per contrastare il loro disegno, ha fatto sistemare sulla porta di ritirata della Posta, due falconetti per battere la cima del cavaliere, ma il tiro dei pezzi si è dimostrato insufficiente a procurar danno. In attesa di altro rimedio, Sua Signoria ha ordinato che sia eretto un grosso argine di pietra sulla cortina della coronetta di Claramonte, e al coperto di questa, abbiamo postato un cannone per battere la punta del cavaliere. E, vivaddio, ci riusciamo in pieno. I Turchi tentano di centrare il nostro pezzo, tirando dalla batteria della Calcara, quella che ha sotto tiro la Posta di Maldonado. Ma Iddio non permette che sia colpito una sol volta. Hanno invece ucciso il Commendatore delle Artiglierie, che era accanto al pezzo, e ferito il Balì dell'Aquila con un colpo d'archibugio. Sebbene i Turchi sulla punta del nuovo cavaliere di Buenensena siano molto danneggiati dal tiro del nostro cannone, essi non abbandonano la posizione per non mostrare debolezza: si ritirano tuttavia un poco più indietro e, così facendo, risultano coperti dal nostro stesso terrapieno e noi non possiamo sparare, senza arrischiare di colpire la nostra: opera: i nemici oramai sono al sicuro. Il Gran Maestro, tutto osservato, d'accordo con i Comandanti delle Poste, ha ordinato che a due ore di notte sia fatta una sortita con pochi uomini scelti, per tentare di snidare i Giannizzeri dalla loro posizione. I nostri erano già adunati, quando ci siamo accorti che uno degli uomini era assente. È uno

▲ Portastendardi turchi 1560 circa. Tratto da ..Türckey und gegen Orient, Nicolas de Nicolay 1572 - Heidelberg Biblioteca

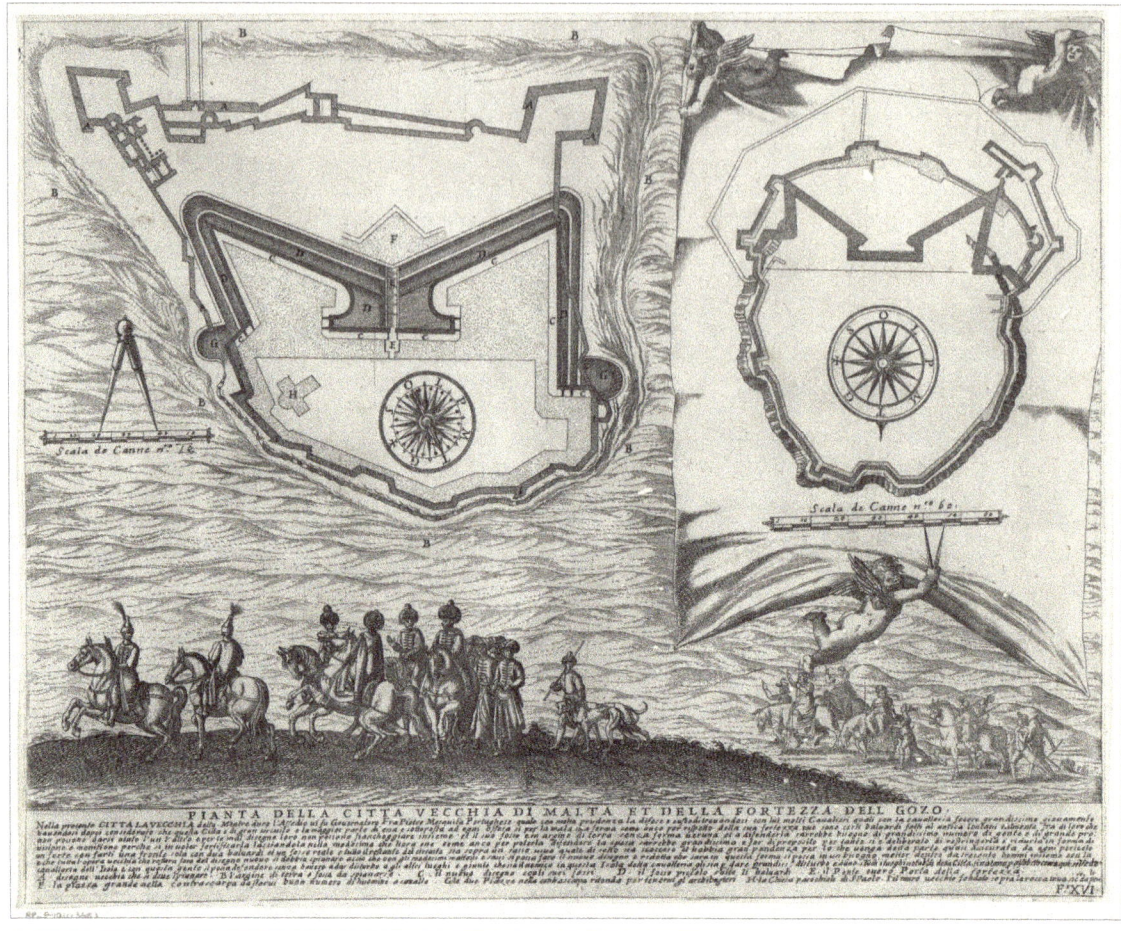

▲ 1565 mappe della fortezze di Malta e Gozo. Incisione di Antonio Francesco Lucini, 1665 - Riikmuseum Amsterdam.

spagnuolo, soldato di ventura, uomo di coraggio e molto caro a Claramonte. Sua Signoria che è rimasta per assistere alla partenza della pattuglia, giunto il momento opportuno a muovere, ha domandato per quale ragione si tardasse. Gli è stato risposto che stavamo aspettando un soldato spagnolo. Mendoza, che ha prima servito sotto Don Francisco de Sanoguerra ed ora è della compagnia di Claramonte, quando ha sentito che un soldato spagnolo era mancante, si è fatto avanti e ha detto: "Non manca, son qui"; e, imbracciato lo scudo e messo mano alla spada si è unito agli altri cinque. Ho raccontato questo episodio per far presente la bella azione di Mendoza, che si è offerto di partecipare ad un'azione pericolosa per l'onore di un amico assente. Gli uomini, usciti sotto la guida di un maltese, sono stati subito raggiunti da Mendoza. Si son gettati sui Turchi con tale impeto da costringerli a fuga disordinata, mozzando non so quante teste. Vi è stato durante la notte gran movimento nelle linee turche: non riescono a riprendere la posizione a causa della oscurità fitta. Non possono sparare pel timore di colpire i propri uomini. Vediamo ad un tratto il chiarore di una lanterna in cima ad una lancia, piantata sulla destra dello sperone perduto. Deve lor servire come punto di riferimento per il tiro. Ma noi lanciamo tante di quelle pignatte, spariamo tante archibugiate, che la lanterna cade. Alle prime luci dell'alba, i nostri sei uomini sono di ritorno e portano con loro quanto apparteneva ai Turchi. Non han potuto più a lungo restare sulla posizione, perché troppo esposta al tiro dell'artiglieria nemica.

16 agosto, giovedì

I Turchi bombardano con tutte le batterie le Poste, i bastioni, le case e lavorano a migliorare le posizioni, rinforzando le trincee con pietre; formano parapetti con pelli di bue e di capra, riempite di terra, contro il tiro dei nostri fuochi. lavorati.

17 agosto, venerdì

Il nemico insiste nel bombardamento, senza gran costrutto, perché le nostre opere non possono essere più spianate di quelle che sono. Tutto quello che ormai sta fra noi ed il nemico è l'incassata terrapienata della Posta di Castiglia, che misura dai dieci ai dodici piedi, e le casematte di San Michele. Continua nei brevi assalti e dà di frequente il segno dell'arme per stancarci sempre più. Non abbiamo un minuto di riposo.

18 agosto, sabato

I rinnegati, siano essi mossi dalla loro infelice situazione o abbiano pena delle nostre sofferenze, molte volte parlan con noi, e pur apparentemente mostrando di offenderci, vogliono aiutarci e rincorarci. Stamane hanno gridato: "Cani, giaurri, resistete quando non avete più buoi da mattare: soltanto qualche pecora vi è rimasta e ben sfiancata e niente più farina. Ancora un assalto, e sarete liberi". Sembra, con queste parole, che vogliano farci conoscere come non vi siano fra loro più uomini validi, che scarseggiano di polvere, ma che tuttavia daranno ancora un altro assalto. Il Gran Maestro ha tutte le buone ragioni per prevedere essere imminente un assalto generale. Il fortunale di stanotte è chiaro segno dell'approssimarsi della cattiva stagione e della difficoltà che troverà presto la flotta di restare al largo. Le perdite subite dai nemici sono gravi, lo spreco di munizioni grande; non possono mancare di fare uno sforzo decisivo. Sua Signoria non solo è un buon capitano, ma anche un buon soldato. Egli non risparmia nessuna fatica, non si concede riposo e vuole che siamo pronti a così grande evento. Dorme quando può, e sovente là dove si trova, in luoghi esposti a pericoli, in batteria; molte ore della notte le occupa ad ispezionare tutte le opere, anche se i Cavalieri del seguito lo implorano di non esporsi troppo e lo pregano di avere più riguardo della sua persona, perché, dopo Iddio, la nostra salvezza in lui risiede.

19 agosto, domenica

Un rinnegato greco ci ha riferito che il Pascià nulla tralascia per spingere i pochi Giannizzeri e Spahis che gli sono rimasti ad un altro assalto. Gli han risposto con un rifiuto: non solo, ma sono altamente stupiti che, per pura vana ostinazione, egli corra il rischio di perdere anche i pochi uomini rimasti e con essi compromettere il buon nome del Gran Signore; se però il Pascià vuol correre il rischio di perdere anche la sua vita insieme con la loro, son pronti a seguirlo nella mischia, tutte le volte che ne dia l'ordine. Pare che il Serraschiere non abbia trattenuto la sua ira e li abbia chiamati codardi, mancator di parola, indegni di chiamarsi figli del Gran Signore ed abbia soggiunto che, benché l'alta carica da lui ricoperta non gli faccia obbligo di rischiar la vita, egli vuole mostrar loro che è capace di affrontare il pericolo come ogni altro e che andrà all'assalto per primo. I Giannizzeri hanno replicato che, quando lo vedranno, non mancheranno di seguirlo.

20 agosto, lunedì

Allo spuntar del giorno, i Turchi attaccano e a San Michele e alla Posta di Castiglia. Vengon urlando, fra lo stridio assordante degli strumenti. Mustafà Pascià, uomo di settant'anni, è fra i primi, pieno di ardire e di coraggio. Ma giunto sotto il tiro delle nostre traverse un colpo, dalla Burmola tirato, gli ha portato via il turbante e lo ha stordito. Poco dopo, strisciando carponi, ha cercato rifugio nel fossato di San Michele, che non ha più abbandonato fino a notte piena. L'attacco di questa mattina è durato cinque ore intere, durante le quali gli assalitori sono stati rilevati più volte, mentre noi ci ristoravamo nel solito modo. È stato uno dei più feroci assalti fino ad oggi dato, e quello in cui il fuoco nemico ci ha causato maggior danno. Oggi, ancora una volta, l'illustrissimo Gran Maestro ci ha mostrato il suo animo. Era in piazza d'armi, quando gli hanno portato la nuova che i Turchi erano già entrati in Castiglia. Non si è affatto spaventato e, sereno, è andato alla Posta minacciata, dove, spada alla mano, è rimasto nel punto più esposto, fino a che i Turchi non si sono ritirati. I nemici hanno sferrato oggi quattro assalti: due a San Michele e due alla Posta di Castiglia. Nel pomeriggio han durato due ore nell'attacco: hanno tanto insistito perché eran sicuri di distruggere le nostre poche forze. Il Commendatore Buenensena è stato ferito dallo scoppio di una granata, dopo aver combattuto da valoroso Cavaliere e buon soldato in ogni occasione. Il Gran Maestro ha nominato al suo posto Donjuan de Pereyra. La Posta è quella dove il Commendatore Cencio Guasconi è stato ferito da un colpo di archibugio, mentre da un muro stava osservando i movimenti dei Turchi. L'Alfiere di Romégas è rimasto ucciso e Fra' Almerique Dural è stato ferito da una scheggia di un proiettile di Basilisco che gli ha sfondata la celata. Sua Signoria è stato sempre in grande ansietà per San

Michele: la sua maggiore preoccupazione era quella di non poter inviare rinforzi, ma si era troppo e gravemente impegnati a Castiglia. È piaciuto a Dio Onnipotente di dare a Monsignore una consolazione nel suo penare. Appena i Turchi si son ritirati da San Michele, il Maresciallo ha mandato quaranta uomini alla Posta di Castiglia al comando di Giulio Cmdeli, Alfiere di Martelli, con un messaggio del Gran Maestro con il quale lo si assicurava di non temere per San Michele, perché poteva ancor bene resistere; anzi, se necessario, avrebbe mandato tutti gli uomini occorrenti in soccorso di Castiglia. Dio solo sa quanto questo messaggio abbia sollevato il Gran Maestro, tanto era in angustie per quella Posta, così esposta ed aperta al nemico. Oggi i Turchi non han perduto meno di duecento uomini, senza contare i feriti. Le nostre perdite sono assai minori. È morto Marco, il sartore del Gran Maestro, un maltese che ancor oggi, come sempre, aveva combattuto come un buon Cristiano ed un buon soldato. È morto bruciato alla Posta del Commendatore Maldonado. Pochissimi sono i feriti. Durante l'attacco molti dei nostri convalescenti, non ancora ristabiliti, sono venuti alle batterie e hanno aiutato nel modo migliore che era loro possibile; da uomini animosi preferivano morire combattendo, piuttosto che finire tra i tormenti, se avessero avuto la malasorte di cadere nelle mani dei vincitori.

21 agosto, mercoledì

Stamane ancora una volta i Turchi son venuti all'assalto con la stessa disperata decisione di ieri; dopo quattro ore, però, di durissimo combattimento si son ritirati con gravi perdite. Mai la Posta di Castiglia è stata tanto in pericolo, a causa dell'esiguo numero dei difensori ridotti come sono, dalle perdite di ogni giorno. Il momento più critico si è avvertito quando, nel fervor della mischia, un Cristiano ed un Turco, entrambi armati di tromboni caricati a palle grosse come uova di piccione, si sono scontrati. Le armi dei due non avrebbero fatto tanto danno quanto ne hanno arrecato, se il Turco con il suo colpo, oltre ad aver ucciso molti uomini, non avesse appiccato il fuoco ad un mucchio di carcasse e pignatte. Ma Iddio ha voluto in qualche modo ricompensarci, perché il fuoco del nostro soldato ha provocato l'incendio di un grosso mucchio di sacchi di polvere e molti Turchi sono rimasti bruciati. Se Iddio non ci avesse soccorso, il pericolo sarebbe stato veramente forte, perché il nemico era già alla Posta di Maldonado dove i nostri erano pochissimi. Il Gran Maestro è arrivato appena in tempo con i suoi uomini ed il suo intervento è stato sufficiente a determinare il ritiro dei Turchi.

22 agosto, mercoledì

Durante l'attacco di ieri Don Rodrigo Maldonado è rimasto ferito e Sua Signoria, oggi, ha nominato al suo posto il Commendatore Sagra, convalescente per una ferita ricevuta a Sant'Elmo e che aveva il comando delle Artiglierie di Sant'Angelo. I nostri morti sono pochi. È morto il Sergente Maggiore de Saint Romain, Cavaliere francese. Fra' Gregorio Adorno è stato ferito a San Michele.

23 agosto, giovedì

Nonostante gli attacchi ininterrotti, i Turchi oggi hanno dato inizio alla costruzione di un bastione, adoperando sacchi di lana e di cotone, ai piedi della batteria del Maestro di Campo, ché così si chiama sempre la Posta anche se Robles è morto. Appare evidente che è loro intendimento di costruirlo tanto alto da poter dominare le nostre difese e causarci maggior danno. Abbiamo saputo che ieri Mustafà Pascià aveva fatto indossare agli Sciaiali le vesti dei Giannizzeri e degli Spahis morti e li aveva condotti al combattimento promettendo loro che, se avessero ben combattuto, li avrebbe promossi Giannizzeri.

24 agosto, venerdì

Oggi alla seconda guardia di notte nostri uomini sono usciti dalla Posta del Maestro di Campo e dalla Burmola, e sono giunti alle trincee turche all'improvviso, senza che i nemici ne avessero sentore. Hanno demolito la parte di bastione già innalzato, han dato fuoco a tutto e son rientrati con badili, pale, sacchi ed altro materiale.

25 agosto, sabato

Il nemico ha continuato negli attacchi dimostrativi ma, e ne sia ringraziato il Signore, senza arrecarci danno. È da due giorni che avvertiamo i segni del cambiamento del tempo. La tramontana ha cominciato a soffiare e piovaschi frequenti e violenti cadono. Il Gran Maestro ha inviato per i soldati che ne hanno necessità, molti

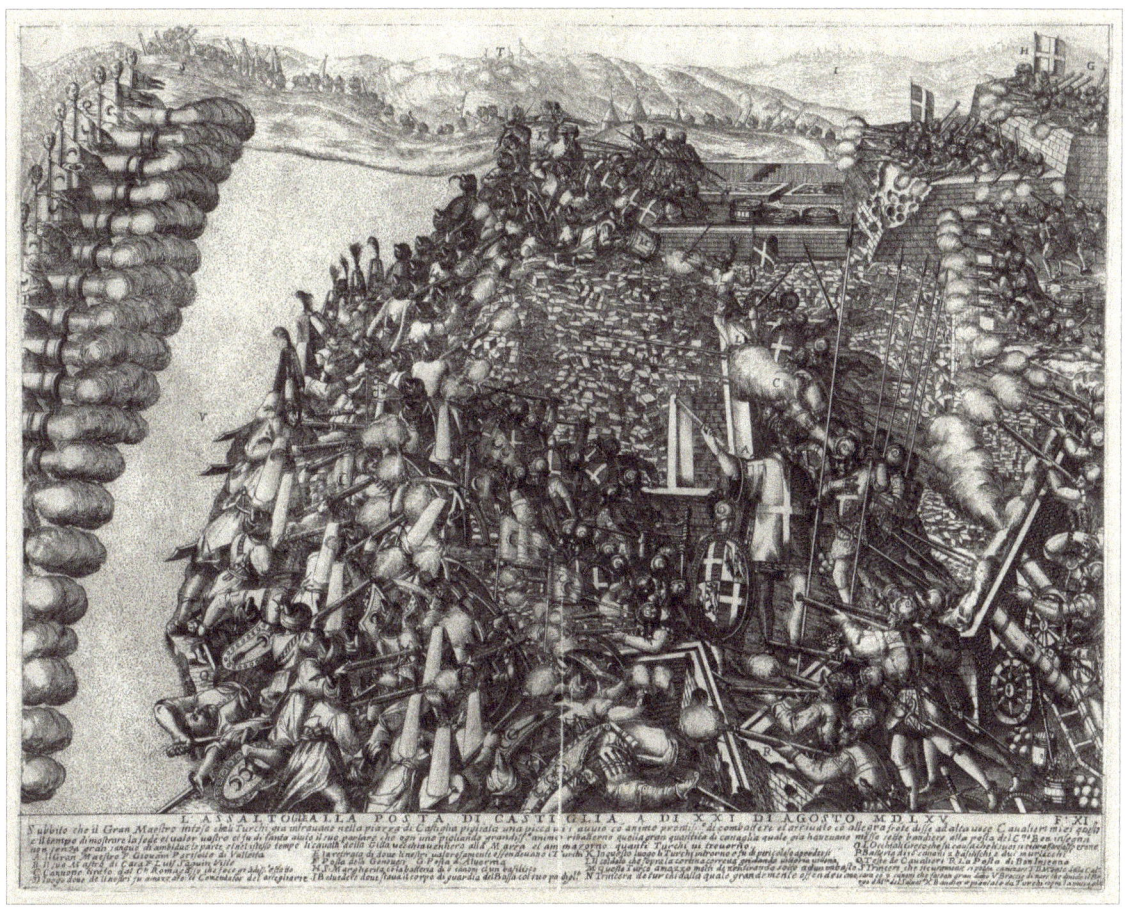

▲ 21 agosto 1565 Attacco alla posta di "Castglia". Incisione di Antonio Francesco Lucini, 1665 - Riikmuseum Amsterdam.

cappotti di orbace perché abbiano meno a soffrire durante l'incessante lavoro. Prevedendo che i Turchi non mancheranno di trarre vantaggio dalla pioggia che ostacola il lancio dei fuochi lavorati e lo sparare degli archibugi, ha fatto distribuire fra i soldati dei posti più minacciati gran quantità di balestre e balestroni, con forte carico di munizionamento. I Turchi hanno avuto modo di accorgersi che il vantaggio è dalla nostra parte, quando son venuti all'assalto. Le nostre balestre, tanto potenti che possono traversare lo scudo, il corsaletto ed uccidere, spesso, l'uomo che ne è difeso, han fatto cadere su di loro una grandine di quadrelli e verrettoni. Ieri, nel pomeriggio, un turco è stato ucciso di fronte alla Posta di Don Bernardo de Cabrera. È rimasto sul terreno ed il nemico non ha osato venir fuori a riprenderne il corpo per paura dei nostri archibugieri. In segno di profondo disprezzo, non curante del pericolo, Don Bernardo è saltato dai ripari, seguito da Don Juan Mascòn e da alcuni soldati maltesi, si è avvicinato ed ha tagliata la testa al turco morto. Conficcatala sulla punta di una lancia, ha piantato questa sull'alto della Posta.

26 agosto, domenica

I nemici non si concedono riposo né di giorno né di notte, tanta è l'urgenza di portare a fine l'impresa con ogni mezzo. Dopo la distruzione del bastione che avevan opportunamente innalzato con sacchi ripieni di lana, son ricorsi ad un nuovo mezzo di assalto: quello che gli antichi chiamavano testuggine ed oggi chiamiamo mantello, simile del tutto a quello che l'Imperatore Carlo V impiegò nell'Artois. Lo hanno preparato presso l'ingresso del passaggio coperto, a cui ho già accennato, e pensano di poter, meglio difesi, avvicinarsi alle botti e, di assalto, sfondare. Ma, seguendo il buon consiglio di Matías de Ribera, un soldato molto esperto, di tutta fretta abbiamo preparata una troniera nascosta, da cui potremo prendere d'infilata la testuggine. È morto il Balì dell'Aquila ferito a San Michele da una archibugiata dieci giorni or sono. Gli è succeduto nel comando il Maresciallo de Coupier, Cavaliere della Gran Croce ed uomo di molto valore.

27 agosto, lunedì

I Turchi danno chiaro segno della loro intenzione di attaccarci. Vediamo i loro uomini muoversi da Santaren in direzione della Posta di Castiglia e dalla Marsa verso le trincee di San Michele. Ad un tratto si sono mossi con la testuggine verso le botti. Noi li abbiamo lasciati avanzare e quando erano proprio a tiro e non si poteva sbagliare, i nostri cannoni hanno fatto fuoco e la testuggine è volata in aria con tutti quelli che erano sotto di essa. E, per oggi, non abbiamo più subito attacchi. Alla seconda guardia di notte, i nostri soldati di Castiglia hanno fatto una incursione nelle trincee nemiche. Le poche guardie son fuggite ed i nostri son tornati portando molte pelli di bue, che i Turchi usano come protezione, pale, picconi e biscotto. Altri hanno raggiunto la punta del cavaliere, ma il posto è troppo esposto al tiro dell'artiglieria per potervi restare. Durante l'intero giorno c'è stato lancio da ambo le parti di cesti petrieri e di carcasse. Il Gran Maestro ha visto che non c'è possibilità di sloggiare il nemico dalla punta del cavaliere ed ha ordinato di scavare una mina, ma in modo che, scoppiando, non possa recar danno a noi ed alle nostre difese. Alacremente ci mettiamo al lavoro.

28 agosto, martedì

Senza tregua i nemici bombardano le opere e le case durante l'intero giorno e la notte; però, con tutto che il tiro sia molto sostenuto, siamo a conoscenza che sono stati imbarcati molti pezzi. In effetti, ogni notte sentivamo che si adoperavano attorno ai cannoni, anche se si sforzavano di fare il minor rumore possibile. Il Gran Maestro ha domandato a Lorenzo Puche, soldato della Compagnia di Claramonte, se aveva il coraggio di recarsi nelle trincee turche a spiare che cosa stesse accadendo, dal momento che apparivano deserte. Puche animosamente ha risposto che era pronto. Ma appena ha sporto la testa dal parapetto, un colpo di archibugio lo ha buttato a terra, con la celata ammaccata. Sua Signoria non ha più permesso che andasse. È stato deciso invece, che, durante la notte, Don Bernardo de Cabrera, Don Juan Mascòn ed alcuni soldati, vadano dalla Posta di Provenza alle trincee turche della Burmola. Già prima, da San Michele erano passati a Birgu per tentare l'impresa, ma avevano dovuto desistere. Questa notte ritentavano ancora di far prigione qualche turco di quei che sono nelle trincee vicino alla marina e alla Posta di Aragona.

29 agosto, mercoledì

I Turchi son venuti all'assalto in gran forze, anche se spinti a staffilate ed a bastonate dai loro capitani. In un momento pericoloso del combattimento è piaciuto a Nostro Signore di fare cadere una violenta pioggia, che ha costretto i nemici a ritirarsi senza alcun vantaggio e con la perdita di un gran numero di uomini.

30 agosto, giovedì

Dopo mezzogiorno, il nemico ha tentato un altro attacco su San Michele che è durato fino a notte; si è ritirato, lasciando sul terreno oltre un centinaio di morti. Noi abbiamo un soldato ucciso e tre feriti.

31 agosto, venerdì

Siamo stati sempre in allarme perché era previsto un attacco dei Turchi, ma nulla è accaduto. Sono esausti quanto noi. Ieri notte, un maltese fatto prigioniero dai Turchi al principio dell'assedio, è fuggito dalle loro galere e, per buona fortuna, ha raggiunto Birgu. Ha detto in piazza, alla presenza di Sua Signoria, che le perdite dei Turchi sono durissime e

▲ Forte Sant'Angelo sulla penisola di Borgo

più grandi di quanto noi si possa immaginare: che non uno di essi ha più il coraggio di attaccare: che molti dei loro Sciaiali stanno morendo e per fame e per malattia. Ha aggiunto ancora che la flotta non può salpare, perché è in disarmo e mancano di marinai e di gente da remo per settanta galere: vero è dicono, che attendono soccorsi da Costantinopoli. Intanto molti rinnegati hanno fatto vela per la Sicilia, sicché i Turchi ad evitare fughe più numerose, hanno tirata una catena all'imboccatura di Marsa Muscetto. Un altro maltese, venuto dalla Città Vecchia, ha riferito che il principe Giovanni Andrea Doria è sbarcato da una sua galera per studiare la nostra situazione; ha lasciato poi a terra un soldato spagnolo per fare segnali, non appena abbia a scorgere la flotta di Don García che dovrebbe essere sul punto di arrivare.

1° settembre, sabato

Stamane i Turchi, attraverso un cunicolo che avevano preparato, sono arrivati alla punta di Castiglia e ci han portato via due grossi barili di polvere che hanno usato per bombardarci. Abbiamo riconosciuto che la polvere è quella nostra per lo stesso fumo nero che produce, differente dal loro. I nemici sono così vicini a noi in tanti punti che potremmo quasi toccarci per mano. In un momento di tregua quelli di fronte a San Michele, ieri, hanno dato a Martelli alcuni frutti e meloni che crescono nell'isola ed in cambio Martelli ha dato loro pane bianco e formaggio. Quando i Turchi hanno visto il pane, sono rimasti attoniti; erano convinti che noi si soffrisse molto, per essere a corto di vettovaglie, tanto da poterci ridurre alla resa per fame, se non fossero riusciti ad aver ragione di noi con le armi. Da una parte e dall'altra, siamo in continuo allarme sempre appostati con la miccia accesa nella serpentina. Si tira al primo apparire di un turbante. Il Gran Maestro ha ideato un altro congegno per tirare sui nemici senza esporci. Da un remo ha ricavata una lunga asta, in cima alla quale ha fissato due archibugi. Noi, al coperto, alziamo l'asta, dirigendo le canne degli archibugi oltre il riparo avversario e con una cordicella possiamo accendere la serpentina. Riusciamo a colpirli, tanto che più volte, con ganci, hanno tentato di abbattere l'asta. I cavalieri sono usciti dalla Città Vecchia e sono andati a porre un'imboscata vicino al Freo. Alcuni fanti sono rimasti appostati fra i giunchi, vicino ad una sorgente dove i nemici vengono ad attingere acqua. Una galeotta turca è giunta ed ha sbarcato i suoi uomini. I nostri si sono gittati su di loro e li hanno costretti a fuggire a precipizio, abbandonando i barili. Un nostro cavalierie è riuscito a colpire con la lancia uno dei turchi già in mare. E se le altre galere che eran di guardia al Freo, non fossero accorse, i nostri avrebbero addirittura catturata la galeotta. Matías de Ribera se n'è andato a scoprire una mina che i Turchi han fatto. È entrato nel cunicolo con la sola spada in mano e, riconosciutala è rientrato. Siamo corsi subito ai ripari.

2 settembre, domenica

Stamane all'alba, diradatasi la nebbia, siamo rimasti sorpresi nel vedere una grossa torre elevarsi di fronte alla Posta e lentamente avanzare. L'abbiamo distrutta, come distruggemmo la testuggine, col petriere caricato con angeli, angeli a croce e palle incatenate. Ho saputo che il nostro Predicatore, ancora sofferente per le ferite ricevute a San Michele, ha inviato al Priore della Chiesa un messaggio. Lo ha pregato di dire al Gran Maestro che più non sia in angosce: che non solo il Borgo non sarà perduto, ma presto, per la festa della Natività di Nostra Signora, tutti saremo in piena allegria.

3 settembre, lunedì

Si sono allontanate da Marsa Muscetto più di quaranta galere. Mi dicono che siano poi tornate a notte, cariche di rami che sono andati a tagliare al Comino. È evidente che intendono costruire nuove trincee e nuove piattaforme.

4 settembre, martedì

Allo spuntar del giorno i Turchi, visto fallire i piani, hanno ricominciato a battere San Michele. Tirano con pochi pezzi, ma con grande celerità.

5 settembre, mercoledì

Continua il bombardamento su San Michele e la Posta di Castiglia. Vediamo ogni giorno i Turchi affannarsi a smontar cannoni e ad imbarcarli con tanto altro materiale da guerra. E questo è per noi di grande sollievo; siamo d'altro canto delusi: se il soccorso arrivasse più presto, potremmo ancora impadronirci della loro artiglieria. Abbiamo notato che i nemici lavorano sulla punta del cavaliere.

6 settembre, giovedì

I Turchi hanno aperto il fuoco con due cannoni pesanti contro la Posta di Martelli, contro le case e su una nostra nave grossa, sulla quale fino allora non avevano mai tirato, perché speravano di impadronirsene e non volevano danneggiarla. I due pezzi sono comandati da Mustafà del Giglio, un rinnegato corsaro, nato nell'isola del Giglio che appartiene al Duca di Firenze. Quando abbiamo visto che essi tiravano sulla nave, abbiamo avuto la certezza che vogliono partire e che forse hanno avuto nuove dell'arrivo del Soccorso. Allo scopo di non fare affondare la nave, il Gran Maestro ha ordinato di passare, tutto intorno ad essa, forti gomene e di assicurare, poi, queste, a pesanti ancore ben fissate a terra. Oggi, in alcune Albergie, la razione di pane dei Cavalieri e dei soldati è stata ridotta ad un solo pane; si è tornati a pensare che l'assedio sarà lungo. Alla batteria del Salvatore abbiamo visto un turco, che appariva essere un Capo, caricare con le proprie mani un cannone. Ma la canna doveva essere rovente, perché, quando ha calcato la seconda carica, la canna si è schiantata e lo ha ucciso con i serventi che erano vicino. La batteria non ha più sparato. Durante la notte i nostri uomini, dalla Posta di Castiglia e da San Michele, sono andati alle trincee turche, ma non hanno incontrato alcuno. Sono tornati carichi di pale e badili. La ricognizione ci ha dato la prova della debolezza e della paura del nemico, che non osa rimanere di notte in trincea. Non osa neppure lasciare tutte le galere in porto. Molte di esse restano in giolito, al largo. È accertato che per armare quelle che partono, sono costretti a prendere uomini dalle trincee.

7 settembre, venerdì

Durante tutto l'assedio, Nostro Signore, nella sua infinita misericordia, ci ha sempre aiutato e miracolosamente protetto e particolarmente oggi, vigilia della Natività della Vergine, Madre di Dio, perché mentre i Giannizzeri e gli Spahis erano già entrati nelle trincee per venire all'attacco finale, Nostro Signore ha permesso che grave disaccordo tra di loro scoppiasse, così che, abbandonate le trincee, sono andati dal Pascià. Siamo venuti a conoscenza che la causa della discordia verteva su chi dovesse per primo attaccare. Le nostre sentinelle di Sant'Angelo hanno vista una galeotta ad un albero, proveniente dal Gozo, entrare nel porto di Marsa Muscetto a voga arrancata. Un colpo a salva è stato sparato da Sant'Elmo. Non è tardato molto, e dalle Poste di Alemagna, d'Inghilterra e di Castiglia è stato visto un turco discendere a terra da una fregatina. Gli è stato portato un cavallo ma, nel saltargli in groppa, o per il cavallo che fremeva o per il peso, è caduto in terra. Si è rialzato, ha tratto la scimitarra ed ha tagliato i garretti al cavallo e via, di corsa, su per la Calcara, dove Mustafà ha il suo padiglione.

▲ I possenti bastioni di forte sant'Elmo alla Valletta.

▲ 7 Settembre 1565 Arrivano i rinforzi cristiani. Incisione di Antonio Francesco Lucini, 1665 - Riikmuseum Amsterdam

Poco dopo si son visti i Turchi uscire dalle trincee ed alcuni avviarsi all'Arenella, dove erano molte imbarcazioni che li hanno presi a bordo, ed altri correre su per il Corradino, verso la flotta. Poco tempo ancora è passato, quando da Marsa Muscetto trentacinque galere, con la trinchetta a riva, sono giunte all'imboccatura del Porto e son rimaste rizzate sui remi. Siamo certi che il Soccorso sta arrivando. L'allegria guadagna tutti. Presto avremo libertà e pace. È toccato a quei di Sant'Angelo, di Alvernia e di Provenza avvistare per primi le navi. L'Armata ha tirato una salva e con quella gioia che si può immaginare, siamo saliti sugli spalti. Non c'è rischio che i Turchi possano sparare dalle batterie e dalle trincee: sono troppo preoccupati a ritirare tende e bagagli e a caricare navi. Se un solo migliaio dei nostri potesse attaccare il nemico in questo momento, potremmo impadronirci di tutta la loro artiglieria, tale è l'orgasmo ed il panico che dilaga nel loro campo. La nostra Armata, raggiunto un punto da dove tutti possiamo chiaramente vederla, ha sparato tre colpi a salva per ogni galera. Noi non possiamo rispondere: abbiamo tanto poca polvere e non possiamo prevedere quello che può ancora accadere. Ha diretto poi per la Sicilia, tutte le vele a riva.I Turchi, come se altro non aspettassero, son tornati in porto ed hanno sbarcato gli uomini per ricuperare quanto avevano lasciato a terra; con grande fretta e lavoro accanito, stanno imbarcando tutte le artiglierie, il munizionamento, le tende. Il Gran Maestro Reverendissimo pensa che, se la flotta, stamani avvistata, porta soccorsi all'isola, non mancherà, secondo le giuste regole di guerra, di sbarcar uomini nella nottata. Ha deciso di tener pronte le incamiciate, con le quali si può causare disordine ed ancor più largo panico tra i nemici, presi fra due fuochi, ed ha inviato Fra' Gabriel Gort dal Maresciallo a San Michele, affinché dia ordine a tutti i Capitani di tener pronti i soldati per una improvvisa sortita, ben muniti di palle, polvere e micce. Il Maresciallo, in risposta, ha supplicato Sua Signoria di farlo uscire nella notte. Se il Soccorso, tutto o parte di esso, sbarcasse questa sera, l'effetto sarebbe grande ed il Gran Maestro potrebbe infliggere una grave sconfitta al nemico ed assicurarsi le artiglierie.

▲ Delhi turco 1560 circa. Questi soldati erano la cavalleria leggera dell'armata ottomana. La loro controparte cristiana anni dopo saranno gli ussari alati polacchi. Tratto da ..Türckey und gegen Orient, Nicolas de Nicolay 1572 - Heidelberg Biblioteca

8 SETTEMBRE 1565, LA RITIRATA DELL'ARMATA TURCA

8 settembre, sabato

Io non credo che musica più dolce mai abbia potuto consolare orecchio umano, come il suonare di queste nostre campane tutti noi consola oggi, ottavo giorno di settembre dedicato alla Natività della Santa Vergine, Nostra Signora. Per tutti gli ultimi tre mesi, le campane avevano dato solo il segno dell'arme; ma ora son tornate a darci la diana. Durante la mattinata han suonato ancora per la messa cantata, che è stata celebrata con grande solennità, in ringraziamento a Nostro Signor Iddio e alla Sua Santa Madre, per la misericordia che avevano voluto avere verso di noi. Oggi, un rinnegato è venuto nelle nostre linee ed ha detto che gli aiuti sono sbarcati, che sono molto importanti e che, a quanto si dice in campo nemico, assommano a più di quattromila uomini. Il Gran Maestro ha dato ordine che le tre Galere, posate sul fondo del fossato di Sant'Angelo, siano trasportate in mare aperto e subito messe in armamento. Non solo un Turco si è visto nelle trincee, eccetto che nelle case della Burmola, dove devono essercene più di duemila che montano la guardia ad uno dei loro più grossi cannoni; lo avevano già scavalcato ma, per essere pesantissimo non erano in grado di trasportarlo. È un pezzo che ha alla culatta nove palmi di giro, quindici di lunghezza ed un palmo alla bocca. A notte il Commendatore Antonio Maldonado ed i Cavalieri Garzes e Marzilla son venuti dalla Città Vecchia al Borgo, entrando dalla Posta di Castiglia. Hanno riferito al Gran Maestro tutti i particolari sul Soccorso: quanti uomini sono sbarcati, gli ordini ricevuti, come han preso terra, e chi sono i Capitani e chi i Cavalieri illustri.

9 settembre, domenica

Nessun Turco è più nelle trincee. Se ne vede qualcuno sul promontorio di Sant'Elmo, perché la flotta è alla fonda nel porto di Marsa Muscetto. Hanno ritirato le artiglierie senza perdite e hanno dato fuoco alle piattaforme. Ieri, prima del calar del sole, i Turchi che sono alla Burmola a guardia di quel loro cannone, han dato fuoco alle case. Forse pensavano che, visto l'incendio e credendo che la Burmola fosse stata abbandonata, noi ci saremmo avvicinati alle case, incappando così in un'imboscata. Ma il Gran Maestro, benché pregato, come se indovinasse il disegno del nemico, non ha permesso ad alcuno di muoversi Poco dopo, un Turco a cavallo dall'Arenella è giunto alla Burmola, ha avviato tutti quelli che erano a guardia del cannone alla piattaforma di Santa Margherita e ha fatto dar fuoco alla piattaforma non senza che i baluardi di Provenza e di Alvernia tirassero su di loro arrecando molto danno. Poi li ha guidati alla Marsa. Nella notte siamo usciti da tutte le Poste e siamo entrati nelle tnncee, senza incontrare nessun Turco. Vi abbiamo posto guardie; altre sono state lasciate agli ingressi dei fossati di San Michele e di Castiglia. Abbiamo tentato di impadronirci del cannone della Burmola, ma non è possibile, dato l'enorme peso.

10 settembre, lunedì

Oggi soldati e maltesi sono giunti a Birgu dalla Città Vecchia, sicuri di non fare brutti incontri, perché i Turchi sono oramai raccolti sul promontorio di Sant'Elmo e non si sono mossi da quel pezzo di terra: hanno posto guardie e sentinelle dove è possibile, per dare avviso e per rendere facile la loro ritirata sulle navi che sono alla fonda nel porto di Marsa Muscetto. Quelli che giungono dalla Città riportano che le forze sbarcate sono composte di Signori illustri, Gentiluomini di Ventura, soldati di tutte le nazioni e dal fiore di veterani spagnoli che erano in Italia. L'entità delle forze è incerta, alcuni parlano di dodicimila, altri di novemila; ma noi non possiamo dar molto credito a quanto si dice, perché gli uomini del Soccorso non hanno finora dato gran prova di forza, dopo essere sbarcati: e supponiamo che non vogliano nemmeno darla, forse per ordini ricevuti, a meno che non siano provocati. Da alcuni soldati provenienti anche essi dalla Città Vecchia, ho saputo che Boisberthon e Vincenzo Anastasi hanno incontrato a mezza strada le forze del Soccorso ed hanno messo cavalcature a disposizione dei Gentiluomini che ne avevano bisogno e molte bestie da soma, guidate da maltesi, per il carico dei bagagli. Dalla Città sono partite donne e ragazzi ad aiutare, anche loro, per portar il bagaglio e le munizioni in salvo. Le forze del Soccorso sono state sbarcate a Mellica dalla Armata comandata da Don García, Capitano Generale, che era alla avanguardia ed aveva sotto il suo diretto comando 20 galere: 8 di Spagna, 2 di Savoia, 3 di Firenze, 3 di Don Alvaro de Bazan, 2 di Genova e due della Religione. La battaglia era agli ordini di Sancho di Leyva e componevasi di 19 galere: 7 di Napoli, 4 di Firenze, 2 di Bazan, la Seraphina di Spagna, le due Capitane di De Mari e di Giorgio Grimaldi e le tre dei Lomellini. Don Juan de Cardona era al comando della retroguardia con 8 galere di Sicilia, 8 di Giovanni Andrea Doria e 3 dei Centurione. Giunta l'Armata alla Cala di Mellica, in meno di un'ora e mezzo, con ammirevole precisione, grazie ai barconi a tal uopo approntati, gli uomini, i mezzi, le munizioni erano sbarcati, e Don Garda poteva far vela per la Sicilia dove si poteva ancora imbarcare la gente italiana del Duca di Urbino, comandata dai Colonnelli Pietro Antonio da Lunate milanese e Giacomo Malatesta. Tutte le forze del Soccorso sono al comando di Alvaro de Sandre e di Ascanio della Corgna, Maestro di Campo generale, soldato di grande perizia, che era stato prigione del Papa Pio IV nel Castel Sant'Angelo di Roma. Don García aveva dovuto usare di tutta la influenza, che dal Re gli veniva, per pregare il Papa di liberarlo e consentirgli di far parte della spedizione. Sono con loro molti valorosi Gentiluomini con le loro Compagnie: Paolo Sforza, il Conte di Cifuentes, Chiappino Vitelli, il Marchese Pallavicino Rangoni, Don Benedetto de Cardenas, il Maestro di Campo Don Sancho de Condono con 1.700 spagnoli del Terzo di Lombardia, il Maestro di Campo Giuliano Romero con 2.800 del Terzo di Napoli e Don Gonzalo de Bracamonte con il Terzo di Sardegna. Pompeo Colonna comanda le artiglierie. Riunite le Compagnie sotto le insegne, le forze del Soccorso hanno iniziato la marcia di avvicinamento alla Città Vecchia. Procede in avanscoperta Ascanio della Corgna, impaziente di poter riunire tutta la gente negli alloggiamenti prescelti, perché, prima di raggiungerli, si è costretti a passare per uno stretto valico. Se per disavventura i nemici se ne fossero impadroniti, i nostri uomini molto avrebbero potuto soffrirne. Per il caldo eccessivo, i soldati, coperti di greve armatura, assetati, carichi delle armi, delle munizioni ed in più di 80 libre di biscotto, dopo un lungo cammino su per faticose pietraie, arrivati ad un pianoro, sostarono e cominciarono a gettare i sacchi di biscotto per alleggerire il peso. Chiappino Vitelli, che era alla retroguardia, diede avviso a Don Alvaro ed i sacchi furono subito raccolti. Alla seconda guardia di notte è giunta notizia che la gente del Soccorso è arrivata alla Città Vecchia. Ascanio della Corgna ha alloggiato la fanteria in un sobborgo di essa, dove esistono due antiche chiese, una dedicata a San Paolo e l'altra a San Francesco. I Gentiluomini di Ventura sono stati alloggiati in Città, in attesa di ordini del Gran Maestro. Gli uomini ed i bambini del Borgo vanno alle piattaforme dei Turchi, ne portano via tutto il legname che trovano e chiedono di poterlo usare per riattare le loro case rovinate o bruciate dai nemici. Nella notte un cristiano genovese, fuggito dalla flotta turca, è arrivato a Birgu. Sua Signoria gli ha domandato che nuove portava ed egli ha pubblicamente riferito che la flotta turca se ne era andata senza lasciare a terra un solo remo: che avevano bruciato tutto quello che appariva superfluo, vecchie gomene, sacchi di lana, legname, così che niente potesse cadere nelle nostre mani. Il genovese ha aggiunto, però, che tutti i loro uomini combattenti sono stati lasciati sulla spiaggia ed ognuno munito di provviste per tre giorni. Egli crede che queste forze ammontino a circa 10.000 turchi ed ha detto di sapere, da buona fonte, la ragione per cui sono stati lasciati a terra; essi valutano il nostro Soccorso non superiore a 4.000 uomini, e progettano di preparare grandi sorprese a nostro danno. Voglion cominciare da San Michele, presumendo che dopo l'arrivo del Soccorso, la nostra vigilanza è di certo diminuita. Il genovese sostiene di sapere che la causa dell'abbandono delle forze a terra è dovuto al dissenso sorto tra i due Pascià, che si scambiano reciproche ingiurie, accusandosi l'un l'altro del fallimento della impresa. Mustafà accusa Pialì di trascuratezza e gli ha detto che se avesse sorvegliato meglio i mari, secondo gli ordini ricevuti dal Gran Signore, i rinforzi di Robles, venuti con Don Juan de Cardona, non sarebbero sbarcati, e Malta sarebbe ora del Gran Signore: egli poteva ben dirlo con ragione. A sua difesa, l'Ammiraglio ha risposto che egli era responsabile della flotta reale tanto cara al Gran Signore e che tanto era stata a lui raccomandata; perciò non poteva esporla continuamente al pericolo, come se si fosse trattato di quattro miserabili barche. Al contrario, toccava a Mustafà, che aveva forze bastevoli, a ben sorvegliare tutti quei punti dove potevan sbarcare soccorsi, come quello di Robles. Il genovese continuò: dopo un lungo ed acceso alterco, il Serraschiere espresse lo avviso che, nella certezza dell'arrivo di un forte soccorso, essi dovevan lasciare l'Isola al più presto. Pialì fu di parere contrario e così parlò: "Mustafà, come potrai giustificarti di fronte al Gran Signore per evitare che egli ti tagli la testa, se parti senza neanche aver visto in faccia il nemico? Questa è la ragione per cui ti dico che devi rimanere a terra con i tuoi uomini e cercare di dar battaglia ai Cristiani. Se saran pochi uomini, come ti è stato riferito, tu potrai facilmente sconfiggerli e avrai ancor tempo di prendere Malta. Se invece le loro forze sono troppo grandi per te, allora potrai ritirarti in buon ordine a Cala San Paolo, dove io starò in attesa con la flotta, pronto per imbarcarti. Tu sarai allora in grado di giustificarti davanti al Gran Signore, perché avrai almeno visto il nemico e di lui potrai parlargli". Pare che il consiglio di Pialì convincesse Mustafà. Avuta così notizia dei piani nemici, il Gran Maestro ha inviato Monsieur de Boisberthon alla Città Vecchia per informare i Capitani del Soccorso. Non ha creduto di dare ordini precisi, ma li ha lasciati liberi di agire secondo le circostanze. Sua Signoria ha disposto che nessun soldato della guarnigione, pena la morte, possa lasciare il Borgo o San Michele e che tutti devono essere vigilanti, accorti, così come sono stati, nel tempo del più grande pericolo.

11 settembre, martedì

Il Gran Maestro ha ordinato che due ore prima dell'alba, tutti i soldati del Soccorso che sono giunti dalla Città Vecchia, devono lasciare il Borgo. Più di un centinaio eran venuti per vedere il Gran Maestro e per constatare gli effetti dei bombardamenti, ma anche per procurarsi un po' di vino, che non era stato portato con gli approvvigionamenti. Mi sono a loro accompagnato e sono andato fino alla Città Vecchia a vedere quel che poteva accadere, dal momento che è facile prevedere uno scontro con il nemico. Tale possibilità non è da escludersi, perché un soldato spagnolo di Granata che certo discende dai Mori, venuto col Soccorso, è passato ai Turchi e può aver loro raccontato ogni particolare sulle forze sbarcate. Ho saputo da Ascanio della Corgna le ragioni per cui le forze del nostro Soccorso non hanno subito attaccato i Turchi. La prima era che essi non desideravano abbandonare le provvigioni e correre così il rischio di perderle, perché senza di esse le Compagnie si sarebbero trovate in condizioni ancora peggiori di quelle degli assediati. La seconda era che scopo principale di Don García era di togliere il Gran Maestro e la Religione dal pericolo in cui si trovavano: ciò si poteva ottenere con una semplice dimostrazione di forza, senza esporre gli uomini a rischio: il semplice fatto dell'arrivo di un Soccorso avrebbe obbligato i Turchi a ritirarsi. La terza ragione si trovava nella distanza che corre tra la Città Vecchia ed il Borgo: nove miglia senza un filo d'acqua fino alla Marsa. Era logico pensare che i Turchi avrebbero fatto di tutto, avvelenando anche i pozzi, perché il Soccorso non trovasse acqua. Cosa saggia, adunque, era, con un tempo così afoso, di non fermare gli uomini dove potevano essere sopraffatti dalla sete. Sebbene tali ragioni abbiano un qualche fondamento, in tutte le Poste lungamente e con minuzia si è discusso sul caso. Si è obiettato che i Turchi avevano soggiornato durante quattro mesi in una Isola arida e che non offriva nessuna risorsa per gli approvvigionamenti; che per il solo fatto di essere in guerra, i Turchi avevan dovuto subire i danni derivanti dalla guerra stessa; che molti di essi dovevan esser caduti malati, molti morti, senza contare le enormi perdite subite durante i frequenti e mortali attacchi. Sarebbe stato giusto, perciò, che i quattromila archibugieri sbarcati, dopo aver avuto ristoro in città e presi cavalli e guide, avessero marciato alla volta del Borgo. Quando ne fossero stati vicini, le galere del Soccorso, leggere ma ben armate, dovevan mostrarsi davanti al Borgo. Le galere turche sarebbero uscite da Marsa Muscetto, con il risultato che a terra sarebbero rimasti pochi nemici. All'alba, le sentinelle avanzate delle forze di Soccorso han visto i nemici avanzare e bruciare tutto quel che lasciavano dietro di loro. È stato dato il segno dell'arme, gli uomini si son radunati sotto le insegne, ma i Turchi han deviato il loro cammino e le truppe sono state congedate. Nel frattempo Boisberthon è arrivato alla Città Vecchia con le nuove che il Gran Maestro inviava e con l'avviso che i Capitani erano liberi di prendere le decisioni più opportune per riuscire vittoriosi, nel caso si venisse a battaglia. Si è tenuto consiglio di guerra e le opinioni sono state divise: alcuni vogliono senz'altro incontrare il nemico, altri no. Intanto si sono visti i Turchi avvicinarsi rapidamente alla Città, bruciando ogni cosa. Il segno dell'arme è dato, le insegne spiegate e le Compagnie prendono il loro posto e si mettono in ordine, mentre gli archibugieri proteggono i lati dello schieramento. È fermo convincimento di Ascanio della Corgna che il nemico, come ne dà mostra, non voglia battaglia in campo aperto, ma preferisca attaccarci subito negli alloggiamenti. Se i Turchi attaccano, con facilità li possiamo sconfiggere, dato il vantaggio offerto dalla nostra posizione che li obbliga ad arrampicarsi su per la costa e giungere, così, alla mischia sfiniti e arsi dalla sete. Quando le Compagnie sono radunate sotto le insegne, la confusione e l'entusiasmo sono così grandi, che gli ufficiali non sono ascoltati e non riescono a trattenere i soldati dal gettarsi sui Turchi. Alcuni maltesi hanno fatto osservare a Don Alvaro de Sande, Capitano generale, che se alcuni archibugieri fossero postati sulla altura dietro la Città, dov'è una piccola torre a picco sul passo che necessariamente il nemico deve percorrere per venire all'assalto, i Turchi molto avrebbero sofferto, prima di conquistarla. Don Alvaro ha inviato il Capitano Juan Osorio de Ulloa e Don Màrcos de Toledo ad occupare la posizione. Non appena i Turchi vedono i nostri andare verso la collinetta, comprendono quanto grande possa essere il vantaggio che possono ricavarne e, di corsa, si avviano per precederli. Ma Chiappino Vitelli è là, vede la necessità d'impedire ai Turchi di raggiungere la posizione, grida ai suoi: "Sant'Iago, a me"! e, bandiere al vento, carica con tanto impeto che il nemico piega in disordine. I nostri uomini sono rimasti padroni della altura e, dopo un breve respiro, si precipitano ancora sui nemici e li pongono in rotta. Vitelli si è comportato assai bene ed ha dimostrato molto coraggio. È tanto favorevolmente conosciuto e così amato da tutti i vecchi soldati, che è sempre obbedito, anche se non ha un comando particolare. Ha ricevuto le felicitazioni da Don Alvaro de Sande e da Ascanio della Corgna, buoni capitani e buoni soldati anche loro. Poco dopo non è sfuggito all'attento Vitelli che i Turchi avevano occupato una casa ed un mulino su di un rialzo di terreno: si è messo alla testa di un pugno di archibugieri spagnoli e li ha condotti all'assalto dei Turchi. Ne ha uccisi parecchi ed ha costretti i restanti a ritirarsi. Poste le guardie alla casa, Vitelli, in buon ordine, ha inseguito il nemico. Don Alvaro e Don Ascanio, notato che il disordine nelle file turchesche diminuiva il pericolo di un insuccesso, hanno dato ordine alle Compagnie di avanzare, precedendole per provvedere al necessario. Già a quest'ora il sole è rovente e mai fino ad oggi ho tanto sofferto per l'afa. Cristiani e Turchi possono a stento reggersi in piedi: siamo stanchi, accaldati, assetati; molti si accasciano esausti. Quando il Serraschiere vede che l'avanguardia e le Compagnie leggere, sconfitte, si ritirano in gran disordine davanti a pochi uomini che le inseguono, con un buon nerbo di archibugieri fa fronte, per opporsi agli inseguitori e proteggere la ritirata dei suoi. I nostri, stremati dalla fatica, attaccati dagli archibugieri di Mustafà freschi e riposati, sono costretti a ritirarsi su di un'altura alla Cala di San Paolo, non prima di aver lasciato sul terreno qualcuno dei loro, sgozzato dal Turco. E perdite più gravi si sarebbero potute accusare, se un Gentiluomo inglese imparentato con la Contessa di Feria, insieme con il Capitano Màrcos de Toledo, Pedro Ayala de Ribatajada ed alcuni altri che già lí si trovavano, non avessero, con spada e scudo, opposta accanita resistenza. È piaciuto al Signore di far sopraggiungere il Capitano Salinas, il Capitano Don Alonso de Vargas ed il Capitano de la Pena con numerosi soldati, i quali hanno caricato i Turchi con violenza e coraggio volgendoli in fuga. Mustafà Pascià, i suoi in rotta completa, è sceso da cavallo, lo ha ucciso e si è posto alla testa degli uomini tentando di arrestare e riordinare i fuggitivi. Ma i nostri, pur così stanchi, in un ultimo disperato sforzo, ancora sono andati all'assalto e li hanno travolti in fuga disordinata verso la spiaggia, dove molte imbarcazioni erano in attesa. Quelli che non trovavano in esse posto, si buttavano in mare, miseramente annegando, prima di raggiungere le galere. Don Alvaro e Don Ascanio hanno ordinato ai nostri di fermarsi, ché se si fossero avvicinati alla riva, potevan trovarsi sotto il fuoco dei cannoni delle navi turche. Ci siamo ritirati, dopo aver ucciso duemila turchi e aver distrutto non meno di quattromila barili d'acqua che i nemici avevano già riempito per portarli a bordo. Quelli che oggi non hanno potuto combattere, imprecano contro la mala sorte. Don Alvaro e Don Ascanio hanno compiuto per intero il loro dovere di Capi e di soldati. Don Alvaro ha avuto il cavallo ucciso sotto di sé, colpito da una freccia all'incollatura. Ho visto la spada di Ascanio lorda di sangue fino all'elsa. Oltre ai Cristiani caduti in combattimento, quattro son rimasti soffocati nell'armatura per il gran caldo. Vitelli ha fatto tutto quello che è dato di attendersi da un cavaliere così valoroso. Dopo il nostro ritorno alla Città Vecchia, i nostri Capi se ne stavano presso il fossato in attesa che le Compagnie rientrassero agli accampamenti. Don Bernardo de Cardenas, alla presenza di tutti, ha detto a Vitelli: "È andata bene oggi a Vostra Signoria?" e quello gli ha risposto: "Dove c'è Vostra Signoria, Signor Don Bernardino, ben poco rimane da fare". Il Capitano Salinas, rivoltosi a Vitelli gli ha detto: "Possa piacere a Domineddio, Signor Chiappino Vitelli, che io possa sempre servire il mio Re sotto un Capitano valoroso come Voi. Io non ne sarei mai stanco". Al che Vitelli ha risposto: "Voi avete dato oggi ampia prova del vostro valore e siamo pari". Don Giovanni Vincenzo Gonzaga, Priore di Barietta, si è condotto bravamente, sempre alla testa della sua Compagnia di soldati di ventura. Pompeo Colonna, Paolo Sforza, il Conte di Cifuentes, Don Gonzalo de Bracamonte hanno fatto tutto ciò che possono fare gentiluomini di tal fatta al servizio di Dio e del Re. Soltanto uno stendardo turco è stato conquistato durante lo scontro ed è stato preso da un cavaliere di Ubeda, Don Rodrigo de Horzco, dopo aver ucciso un nobile Turco che lo portava ed al quale ha tolto anche una buonissima scimitarra di Damasco. Non più di duemila uomini sono stati impegnati da parte nostra fino alla vittoria. Pochissimi turchi sono stati presi schiavi perché, vuoi per codardia, vuoi perché esausti, non si riusciva a trascinarli via da dove giacevano e sono stati, senza misericordia, uccisi. Il più importante fra i nemici catturati vivi, è un vecchio capitano degli Spahis, che è stato preso da un soldato italiano. Lo ha subito venduto a Don Ascanio della Corgna. Non devo passare sotto silenzio il nobile gesto di un Cavaliere giunto col Soccorso, che ricorda quello di Catone sulle infuocate sabbie africane. Sia questo prova che, ai nostri giorni, l'antica virtù, come al tempo dei Romani, non è morta. In questigiorni d'arsura, dunque, quando ognuno era consumato dalla sete, un soldato ha offerto a Don Bernardo de Cardenas un po' d'acqua da bere che aveva raccolto nel suo elmo. Don Bernardo lo ha ringraziato per la sua cortesia, ma ha voluto che l'acqua fosse data ad alcuni soldati che egli riteneva ne avessero più bisogno. I Turchi, durante l'assedio e gli attacchi hanno perduto circa 35.000 uomini e fra di essi Dragut e molti eminenti personaggi. Hanno tirato non meno di 130.000 colpi di

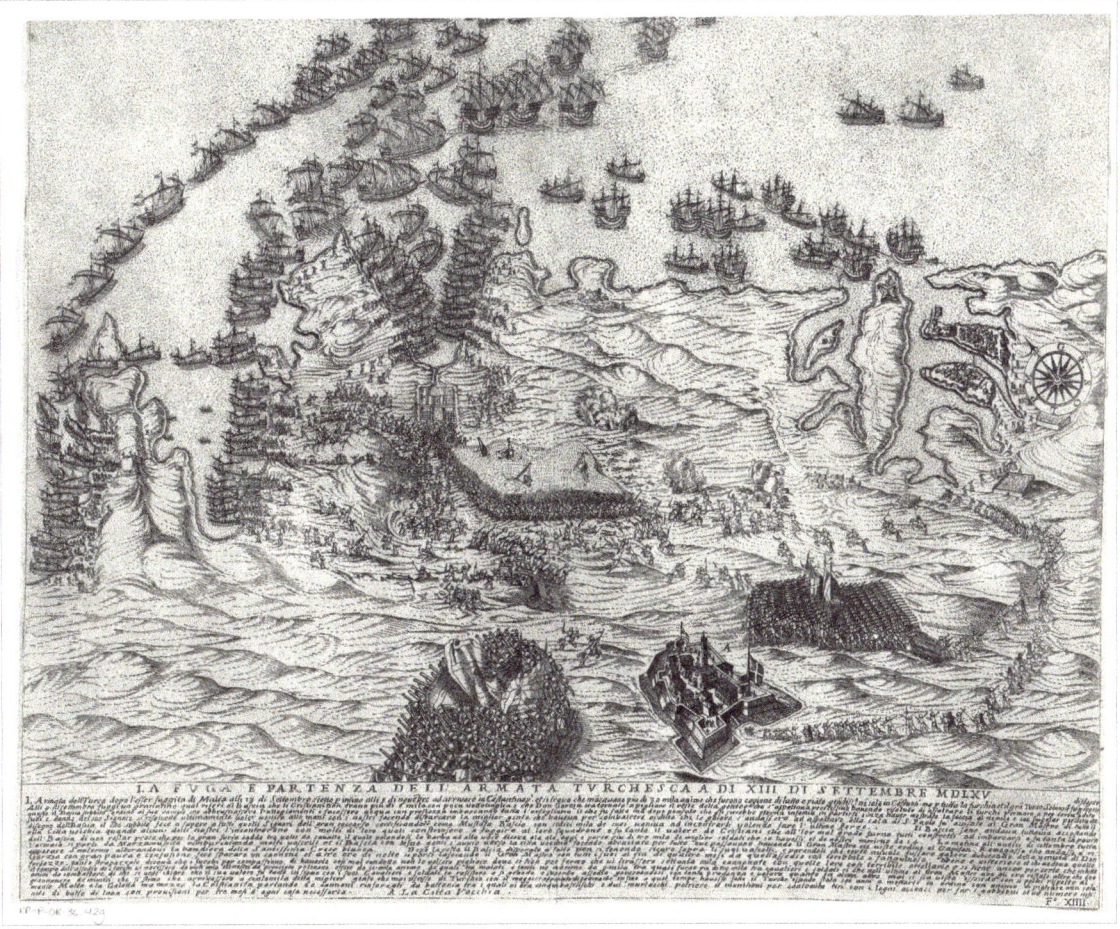

▲ 13 Settembre 1565 Ritirata dei turchi. Incisione di Antonio Francesco Lucini, 1665 - Riikmuseum Amsterdam

cannone e di Basilisco. A tal proposito voglio ricordare che sin dal giorno dello sbarco del Soccorso, il Gran Maestro ha dato ordine di raccogliere le palle di cannone, che son di ferro pieno, e di trasportarle a Sant'Angelo, ed ha disposto che fosse data acqua soprattutto a coloro che trasportavano palle ai depositi. Se ne stanno accumulando più di quanto avrebbero potuto accumularne tremila guastatori.

12 settembre, mercoledì

Le navi turche che da ieri stavano in giolito al largo, stamane, due ore prima dell'alba, han fatto vela verso Levante. Una squadra, pensiamo quella dei Corsari, ha diretto per Ponente.

13 settembre, giovedì

I Capi delle forze di Soccorso sono venuti a Birgu per rendere omaggio di persona al valoroso Gran Maestro e poter constatare gli effetti dei bombardamenti. Anche i più esperimentati e vecchi soldati sono rimasti spaventati. Sua Signoria li ha ricevuti con grande cordialità e secondo il loro grado: ha ringraziato ognuno di essi per i loro meriti e per quanto hanno fatto per amore di Dio e per la Religione di San Giovanni.

14 settembre, venerdì

Oggi, giorno dell'Esaltazione della Croce, verso mezzogiorno, avvistiamo la nostra Armata. Ma soltanto ad ora di vespro è arrivata alla imboccatura del Porto. La Reale, sulla quale è imbarcato Don García, entrando ha spiegato il suo stendardo e tutte le altre hanno dato al vento le bandiere, molto ricche. La Reale aveva sulla fiamma un bellissimo Crocefisso. Le navi, fra Sant'Elmo e Sant'Angelo, hanno cominciato a salutare con colpi a salva i Forti e i baluardi di Alvernia e di Provenza hanno risposto fra il più grande giubilo. Il Gran Maestro, vista la nostra

▲ 1565 *Dimostrazione di tutta la guerra...* Incisione di Antonio Francesco Lucini, 1665 - Riikmuseum Amsterdam

Armata entrare, è disceso da Palazzo e, circondato dai suoi Cavalieri e dai Capitani di Soccorso, si è avviato verso Sant'Angelo, dove Don García doveva sbarcare, a riceverlo. Giunte le navi nei pressi dei moli di sbarco, hanno ancora salutato e i Forti hanno risposto, mentre Don García è sceso nel battello che si è diretto al molo. Ma non aveva ancora attraccato, che il Gran Maestro è voluto discendere a bordo. I due Signori si sono abbracciati molto affettuosamente, fra la commozione di tutti i presenti. Monsignore, dopo Don García, ha abbracciato il principe Doria con tanto affetto, come se fosse stato suo figlio; ben conosce quanto questo principe abbia operato per la Religione. In seguito ha salutato Don Juan de Cardona e lo ha ringraziato per aver condotto a Malta i soccorsi di Melchor de Robles. Ringrazia, poi, Don Cesare e Don Giovanni d'Avalos, fratelli del Marchese di Pescara, il Conte Brocardo Persico e tutti i Capitani della Armata che sono Monsieur di Leyní, Capitano delle Galere di Savoia, Don Alvaro de Bazan, Capitano di una squadra, e via, via tutti i Cavalieri, secondo il loro grado. Sua Signoria, poi, ha guidato Don García e tutti i Cavalieri a Palazzo, dove li ha fatti sedere ad un sontuoso banchetto, che è stato possibile offrire perché il Governatore del Gozo aveva mandato gran quantità di provviste. Anche Don García e tutti i suoi Capitani non hanno mancato di far portare doni a Palazzo. Con l'arrivo della flotta tutti gli assediati han potuto finalmente mangiare a lor fame. Gli approvvigionamenti sono arrivati in larga misura, pur avendo prezzi altissimi; ma per noi non appaiono tali. Durante l'assedio, per esempio, il prezzo dei polli era salito a due ducati e nemmeno a tal prezzo era possibile trovarne; un uovo, poi, costava un reale e mezzo. Non parlo di cose più fini, perché non era possibile ottenerne a nessun prezzo. Dopo il pranzo, il Gran Maestro e Don García hanno passato larga parte della notte in consiglio e a mezzanotte il Terzo di Napoli e le otto Compagnie di Siciliani hanno ricevuto l'ordine di imbarcarsi d'urgenza.

15 settembre, sabato

Don García si è imbarcato stamane; ma è rimasto, a causa del tempo, all'imboccatura del Porto fino a notte.

16 settembre, domenica

Oggi è apparso chiaro il danno che abbiamo arrecato ai Turchi nella giornata di martedì. Galleggiano sull'acqua migliaia e migliaia di annegati, forse più di tremila. Il fetore è così grande, che nessuno può avvicinarsi nei dintorni della Cala di San Paolo.

17 settembre, lunedì

Stamani cinque Galere della Religione hanno fatto vela per la Sicilia portando il Terzo di Lombardia. Vi sono a bordo anche molti Cavalieri, tra i quali Don Ascanio della Corgna e Don Bernardino de Cardenas. A Malta resta soltanto la gente di Firenze.
I Cavalieri della Religione morti durante l'assedio sono 217, i Fratelli Serventi 32 e i Cappellani 7.
E come ho fedelmente riportato i nomi dei caduti e dei feriti a Sant'Elmo, a San Michele e al Borgo, così voglio aggiungere i nomi dei morti e dei feriti alla Città Vecchia e negli scontri sulle terre dell'Isola.
I morti sono: Fra' Antoine de Bresaole-Pravieux alternìate, Fra' Adrien de la Rivière francese, Fra' Aleramo Parpaglia italiano, Fra' Bendo de Mezquita castigliano,
e i feriti: Fra' Jean de Barbezières de Boisberthon francese, Fra' Melchor de Egaras aragonese, Fra' Tomàs de Espinosa castigliano.
Sono morti, poi, 7.000 maltesi tra uomini, donne e fanciulli, 2.500 soldati di tutte le nazioni e 500 schiavi della Religione.
Ecco i fatti accaduti durante questo assedio, così come con diligenza li ho notati, giorno per giorno, per farne veritiera relazione. Non ho creduto di dover riferire cose riguardanti la condotta di guerra, lasciando ad altri di dare quei particolari che, in maggior calma, possono essere studiati. Ben conosco quanto su tale evento si possa ancora discutere.
Termino la mia relazione chiedendo venia se non ho fatto menzione di ogni Cavaliere o Soldato che ha combattuto in questa guerra: il suo nome soltanto non è tornato alla mia mente, ma rimane viva, per questo scritto, la memoria del suo valore.

▲ 13 settembre 1565 altra immagine della ritirata turca da Malta. Affresco di Matteo Perez d'Alezio, 1547-1614.

LE FORTIFICAZIONI DI MALTA

Da "Le fonti storiche dell'architettura militare" del Maggiore Generale Enrico Rocchi, Roma 1908, pp. 398-400. Ristampato nel 2010 a cura dell'Associazione ITALIA, Genova, con il titolo "Storia delle fortificazioni e dell'architettura militare".

Nell'assedio del 1565, i lavori di difesa vennero affidati ad Evangelista Menga, più conosciuto con il nome di Maestro Evangelista, già cresciuto in fama di valente ingegnere militare per la costruzione del castello di Copertino, in terra d'Otranto, sua patria, e passato quindi al servizio dell'Ordine di Malta. Per provvedere alle deficienze della piazza ed alle sfavorevoli condizioni del forte di S. Elmo e del forte di S. Michele, in posizioni dominate ed occupabili dalle batterie dei Turchi, Maestro Evangelista disegnava e tracciava alla punta della Sengla il baluardo dello Sperone e lungo tutta la riva opposta al Corradino eresse una cinta bastionata, assai bene intesa e fiancheggiata. Il forte S. Elmo cadde in mano dei Turchi, ma la sua eroica resistenza, col distrarre per circa un mese gli sforzi dell'assalitore, dava tempo a Maestro Evangelista di munire il borgo e l'isola di San Michele in modo tale da convertirli in vere piazze forti. Il Marchi, nell'accennare alle operazioni di quell'assedio, è largo di lodi per la strenua difesa di S. Michele e per le opere che furono costruite a munire quell'isola ed a contrastare i lavori dell'assediante. Maestro Evangelista, autore di quelle opere, fu ben a ragione, dall'ammiraglio Jurien de la Gravière, chiamato di Todleben dell'assedio di Malta. Una parte gloriosa nella difesa del forte S. Michele ebbe il maltese Girolamo Cassar, allievo di Maestro Evangelista, cui poi successe nella carica di ingegnere presso quei Cavalieri. Nell'attacco del forte, avendo i Turchi forata la contro scarpa ed occupata la strada coperta, volle, Mustafà Pascià, farsi comodo accesso ad una piattaforma gettando sul fosso un ponte d'antenne, come già aveva praticato a S. Elmo. Protetti da un velo di tiratori abilissimi, cominciarono gli attaccanti l'opera loro alla quale non seppero i difensori trovare altro ostacolo che quello di aprire una cannoniera, dalla quale si potesse spazzare il ponte. Stava la difficoltà nel fissarne l'altezza, poiché gli archibugieri turchi non lasciavano che uomo si mostrasse. Il Cassar, adagiatosi dentro una cassa rafforzata con terra e lana da riescire atta a resistere ai colpi di fucile, si fece calare dal parapetto e tolta la misura, fu, secondo quella, cavata la cannoniera, dalla quale, sparando a palla e catene, furono spezzate e sconnesse le antenne ed ab-bruciate poi con fuochi artificiali, seguitando a tirare fino a che dall'artiglieria nemica venne imboccata la cannoniera e smontato il pezzo. Dopo l'assedio, Girolamo Cassar coadiuvò il Lavarelli nei suaccennati lavori della Valletta. Sopravide la costruzione del fosso e principiò la strada coperta a Porta Reale, nella viva roccia. Lasciò pure il disegno delle fortificazioni di Gozo. Architetto civile e militare a modo italiano, progettò nel 1586 e diresse la fabbricazione del palazzo fortificato del Grammaestro Velada, sopra il monte Verdala, presso Malta. L'edificio, che raffigura il tipo dei palazzi-castello del Rinascimento, è di pianta quadrilatera, con baluardi angolari e quattro torrette agli angoli dell'abitazione.

Pierpaolo Floriani, figlio di Pompeo (1585-1638)ebbe a lasciare più vive tracce del suo valore nell'arte della difesa coll'afforzamento di Malta. Avendo nel 1635 il Grammaestro dei Cavalieri Gerosolimitani fatto richiesta per tale scopo ad Urbano VIII di di un valente ingegnere, gli venne mandato il Florani, il quale, riconosciuta la piazza, pensò di occupare con le nuove opere la parte superiore della china lungo la quale si innalza la città, cosicché la lingua di terra, nella quale sta il forte S. Elmo, circondato per tre quarti dal mare e comandato dalla città Valletta, avesse nella parte più elevata le nuove difese, che soggiogando la Valletta e S. Elmo e non essendo dominate da alcuna posizione, rendessero Malta una fortezza formidabile. Sull'elevatezza rocciosa che congiunge all'isola l'anzidetta lingua di terra, il Floriani eresse un muro bastionato con fosso, lunette, tanaglie e controguardie; all'estremo vertice pose ancora un'allungata opera a corno, coprente il quarto lato del perimetro totale, che è quello di tramontana, mentre l'orientale e l'occidentale piombano sulla marina, ed il meridionale è parallelo e prossimo alla Valletta, con la quale comunica per la Porta Reale. In queste opere difensive, scalpellate in gran parte nella viva roccia, Pierpaolo Floriani diede prova di molto accorgimento nell'arte di adattare la fortificazione al terreno. Non andò, peraltro, immune dalle tendenze, che cominciavano a prevalere nel Seicento, della moltiplicazione delle difese ed in particolar modo nell'impiego delle grandi opere a corno che l'ingegnere marchegiano prediligeva, come se ne ha altro esempio in quella allungatissima, con un rivellino sulla fronte, che ebbe a eseguire per la cinta di Civitavecchia. Ad ogni modo, le fortificazioni di Malta, per le quali tanto fecero la natura e l'arte, crebbero, con le opere aggiunte dal Floriani, in così alta fama, che la piazza non fu più assediata. A memoria dell'architetto che le eresse, quelle opere furono denominate, e tuttora si chiamano, le "Floriane".

Contemporaneamente al Floriani, lasciava traccia nelle fortificazioni di Malta del secolo XVII, il già ricordato Vincenzo Maculano da Fiorenzuola [...] Quasi un secolo prima, nel dicembre del 1565, Francesco Lavarelli, inviato a Malta dal Papa, progettava, analogamente a quanto fece il Bellarmati per l'Havre, insieme con le fortificazioni, la pianta e gli edifici della nuova città che, dal nome del Grammaestro difensore di Malta, fu chiamata la Valletta.

Il Grande Assedio oggi...

Dopo l'assedio del 1565 fu preoccupazione del Gran Maestro La Valette e dei suoi successori migliorare e ampliare le fortificazioni dell'isola: in pochi anni esse furono portate, come descritto nella precedente appendice, ad un livello di perfezione raramente eguagliata nell'arte militare. Fu inoltre fondata la città che porta il suo nome, La Valletta, oggi frequentata località turistica. L'urbanizzazione e l'espansione del porto non hanno cancellato quasi nessuno dei punti focali dell'assedio: sono sempre imponenti le fortificazioni di Forte Sant'Elmo, Sant'Angelo e San Michele (vedi foto alle pagg. 200 e 180-181), e le nuove mura di La Valletta, opera del Floriani (pag. 201), mentre camminando per il centro di Birgu (Vittoriosa), una volta percorse le sue mura disputate così duramente nel 1565, ci si imbatte in numerosi siti di grande interesse, dalle Poste (pag. 180-181) alle Albergie e all'Arsenale (pag. 182)... oltre al Maritime Museum, dove vi è ampio spazio per le gesta navali dell'Ordine. Numerosi siti risalenti all'assedio, sono poi visibili a Senglea, la Città Invicta, fondata dal Gran Maestro Juan d'Homedes e poi espansa e bastionata dal Gran Maestro de la Sengle. Le fortificazioni di Senglea, sulle quali fu poi costruito il forte S. Michele, furono opera di Pedro Pardo (1550). A La Valletta, oltre a Forte Sant'Elmo, sono da visitare la Palace Armoury, in Merchants Street, dove il Gran Maestro Alof de Wignacourt trasferì l'arsenale dell'Ordine nel 1604, con la sua importante collezione di armi antiche (pag. 183 e segg.) e la splendida cattedrale di St. John, opera di Girolamo Cassar, dove sono sepolti il Gran Maestro La Valette e decine di altri cavalieri, e che custodisce anche due opere del Caravaggio. A livello divulgativo, in Republic Square vi è poi il *The Great Siege Events Museum*, un museo multimediale. La città di Medina, l'antica capitale, situata al centro dell'isola, è cambiata ben poco nei secoli (pag. 202): camminando per le strette vie ocra della "città silenziosa" è facile riandare con la mente a quei tempi terribili.

▲ Antica mappa delle fortificazioni di Malta che maggiormente sopportarono il peso dell'assedio

GLOSSARIO

Afion – Hashish, droga ricavata dalla resina delle foglie di Marjuana.
Aga – Titolo nobiliare e carica politica, militare e religiosa turca.
Ageminato – lavoro di accurato intarsio che si fa su vari metalli con fili d'argento o d'oro, disposti con maestria e fissati a martello in appositi solchi scavati a sottosquadra.
Agozzini reali – Cavalieri preposti alle fortificazioni, alla sorveglianza e ai rifornimenti.
Albergia – Complesso degli alloggi dei Cavalieri di una Lingua.
Aly-Bey – Comandante nell'armata turca.
Angelo – Proiettile particolare, costituito da due mezze palle di cannone unite da una catena o da una sbarra metallica.
Angelo a croce – Palla di cannone a quattro teste.
Archibugio – Arma da fuoco portatile a polvere nera ad avancarica, sparante una palla in ferro o piombo, con canna lunga circa 100 cm e cassa in legno. All'epoca dell'assedio di Malta, l'accensione era a miccia con meccanismo a serpentina o, negli esemplari più moderni, a ruota.
Aspro – Moneta turca d'argento, dal valore di 1/120 di piastra.
Azza di fuoco – Arma in asta, lunga circa 1,20 metri, con un ferro foggiato a scure da una parte, a martello con bocca a punta di diamante o curva, detta *Becco di falco*, dall'altra, e con superiormente una canna di pistola con accensione a miccia.
Balivo – Alto grado dell'Ordine di Malta.
Baluardo – Bastione d'angolo fiancheggiante la cortina.
Basilisco – Pezzo d'artiglieria d'assedio di massimo calibro, capace di sparare palle in ferro o pietra pesanti dalle 50 alle 200 libbre.
Bastione – Fortificazione formata da mura in terra, legno o pietra.
Braccio – Misura lineare pari a circa 60 cm.
Brigantino – Nave a 16-24 remi, con 2 vele latine.
Buonavoglia – Rematore volontario.
Canna – Misura lineare pari a circa 2 m.
Cannone petriero, o Morlacco – Cannone sparante palle in pietra.
Capitano di Fanale – Comandante di una Galera Capitana o Padrona.
Capponiera – Casamatta posta nel fossato, a guardia dello stesso.
Caramussale – Nave mercantile a vela turca.
Caravana – Servizio obbligatorio per i Cavalieri, tenuti ad imbarcarsi sulle navi da corsa dell'Ordine.
Carcassa – Ordigno esplosivo in ferro e tela, contenente granate, polvere, pece e catrame, e dotato di spoletta.
Carromatto, o Carrodiavolo – Carro costruito per trasportare l'artiglieria d'assedio.
Cassone, o Cassa – Affusto.
Cavaliere – Punto elevato e fortificato posto su un baluardo.
Cerchioni di fuoco – Grandi cerchi in legno, fasciati di tela impregnata di sostanze infiammabili. Armi di grande semplicità ed efficacia, incendiati e lanciati dagli spalti rotolavano tra le masse dei turchi attaccanti incendiandone le vesti e scompaginandone le fila.
Cesto petriere – Cesta riempita di pietre e granate, lanciata dalle mura.
Colmata – Riempimento del fossato, onde permettere il suo superamento a gruppi d'armati o macchine d'assedio.
Colubrina – Pezzo d'artiglieria con bocca da fuoco lunga e sottile e notevole gittata.
Contraffosso – Secondo fossato.
Controscarpa – Scarpata verso il lato nemico.
Cortina – Mura congiungenti i baluardi.
Divano – Consiglio dei ministri e dei maggiorenti turco.
Falcone – Pezzo d'artiglieria a canna lunga e di grosso calibro, sparante palle da 6 libbre.
Falconetto – Pezzo d'artiglieria simile al Falcone, ma di calibro minore, tirante proiettili da 3 libbre.
Fregata – Nave a 8 o 10 banchi, con un vogatore per banco.
Fuochi lavorati – Armi incendiarie di varia sorta, realizzate con fuoco greco, pece, catrame e resina.
Fusta – Nave con minimo pescaggio, sottile e con 18 o 22 banchi a due remi per banco.

Gabbione – Cesta in vimini riempita di terra, usata come riparo.
Galeone – Nave a vela di alto bordo, rilevata di poppa e prua, capace di 30 cannoni grossi e 30 medi.
Galeotta – Galera di dimensioni inferiori alla Fusta.
Galera – Nave dallo scafo lungo e sottile, con due alberi a vele triangolari, e con di solito 26 remi per fianco. Portava fino a 500 uomini d'equipaggio, tra marinai, soldati e rematori; oltre a pezzi d'artiglieria pesanti su di una piattaforma a prua, detta *Rembata*, e artiglieria minore ai lati.
Galera Bastarda** – **Galera di grandi dimensioni, dalla poppa alta.
Galera Capitana – Galera del comandante una Squadra; solitamente meglio costruita e adornata.
Galera Grossa – Galera mercantile.
Galera Padrona – Galera seconda al comando di una Squadra; anch'essa, come la Capitana, era meglio armata delle altre Galere.
Giannizzeri – Corpo militare d'élite turco, formato da giovanissimi schiavi cristiani convertiti all'Islam e accuratamente addestrati per anni al mestiere delle armi fino a farne dei guerrieri audaci e disciplinati.
Gran Visconte – Dignitario dell'Ordine di Malta preposto alla disciplina dei Cavalieri.
Iman – Predicatore musulmano.
Incamiciata – Sortita notturna di un gruppo d'armati, indossanti una camicia per riconoscersi nell'oscurità.
Incassata – Trinceramento di difesa a doppio parapetto.
Leventi – Avventurieri arruolati nell'armata turca.
Libbra – Misura di peso, corrispondente a circa 300-450 gr.
Lingua – Divisione territoriale-nazionale dell'Ordine di Malta. Esistevano otto Lingue: Provenza, Alvernia, Francia, Italia, Aragona, Castiglia, Alemagna e Inghilterra.
Maona – Grande nave a tre alberi a vele quadre, dotata di pesanti artiglierie.
Mazzasette – Guerrieri scelti turchi, sotto giuramento di uccidere almeno sei (*settah* in arabo sta per sei) nemici in guerra.
Moschetto da braga o da spalto – Archibugio pesante di grande gittata e precisione, posto sulle mura: alcuni esemplari avevano alzo a foglia, e canne con rigatura parallela all'asse della stessa o elicoidale. Spesso erano usati come vere e proprie armi "da tiratore scelto" per colpire comandanti e specialisti tra le file avversarie.
Nave tonda – Nave mercantile.
Oncia – Misura di peso pari a 28.75 gr.
Palmo – Misura lineare pari a circa 25 cm.
Pascià – Titolo turco qualificante un Generale, Ammiraglio o Governatore, suddiviso in tre gradi.
Passo – Misura lineare pari a circa 67 cm.
Picca – Arma in asta, lunga da 5 a 7 metri, ordinanza delle fanterie dell'epoca.
Piede – Misura lineare pari a circa 28 cm.
Pignatta, barile fulminante o pentola di fuoco – Contenitore riempito di polvere nera e granate, cosparso di pece, e gettato dalle mura sul nemico una volta innescato.
Piliere – Balivo conventuale a capo di una Lingua.
Posta – Posto ben fortificato e presidiato da un dato comando.
Postierla – Porta segreta nelle mura di una fortezza.
Quadrello – Corto dardo da balestra, a punta divisa in quattro taglienti.
Quintal – Misura di peso pari a circa 46-69 kg.
Reale – Moneta spagnola, divisa in 24 maravedis e pari a 1/8 di Real.
Ribadocchino – Pezzo d'artiglieria leggero, sparante palle in ferro da una libbra.
Rivellino – Opera difensiva esterna alle mura principali.
Saettia – Legno da combattimento sottile, più piccolo della fusta.
Salma – Misura di capacità pari a 3 cantari.
Sanjaz-Bey – Titolo di dignità militare tra i turchi, pari a governatore.
Scarpa – Muro della fortezza che dà nel fosso.
Scialali – Lavoratori franchi al seguito dell'armata turca.
Serrraschiere – Comandante supremo di un esercito turco.
Scudo – Moneta molto diffusa in Europa, suddivisa in mezzo scudo e quartino; suo multiplo, la Doppia.
Smeriglio – Piccolo pezzo d'artiglieria, tirante palle da 4 libbre; o piccolo cannoncino, fuso a somiglianza dei grandi

pezzi d'artiglieria, ma in miniatura, imbarcato sulle navi e sparante palle da 1 libbra.
Spahis – Soldati regolari dell'armata turca.
Spuntone – Arma in asta, lunga circa 2,5 metri e con ferro sottile ed acuto, a sezione tonda, quadrata o triangolare.
Terzo o Tercio – Reggimento delle fanterie spagnole, formato da circa 3.000 uomini, ripartiti tra picchieri e archibugieri. Unità temute per la loro professionalità e spirito di corpo, avevano tra i propri effettivi molti stranieri: tedeschi, italiani, valloni...
Testuggine o Mantello – Specie di casotto di legno, protetto dal fuoco tramite pelli e talvolta lamiera, montato su ruote, entro cui trovavano riparo i soldati mentre tentavano di scalzare le mura nemiche con un ariete o altri mezzi.
Traversa – Opera eretta sul piano di terra, per proteggere dalle armi a tiro teso.
Tromba di fuoco – Tubo di ferro, riempito di fuoco greco, e usato come un rudimentale lanciafiamme una volta accesane l'estremità verso il nemico.
Trombone – Arma da fuoco portatile con canna cilindrica per metà circa della sua lunghezza, e per l'altra metà incampanata o a tromba, da cui trae il nome. Caricata a pallini di piombo o dadi di ferro e altra minutaglia, serviva per difesa a tiro corto nelle fortezze per difendere specie i fossati, e ai minatori nelle gallerie e sulle navi dell'armata.
Troniera – Feritoia per artiglieria ricavata nelle mura di una fortificazione.
Ulema – Guida spirituale musulmana; educatore dei principi ottomani.
Verrettone – Grosso dardo da balestra, a punta ottusa e tonda.
Vogavanti – Il rematore più esperto di una Galera.
Zecchino – Moneta d'oro, battuta da diversi stati europei, identica al Ducato.

Le voci del presente glossario sono ricavate principalmente dalla *Guida del Raccoglitore e dell'Amatore di Armi Antiche* di Jacopo Gelli, Hoepli, 1900 (rist. 1968) e dal *Dizionario delle armi*, A. Mondadori, 1968-1970, libri che furono già della biblioteca del mio caro nonno Giovan Battista Zanotti, collezionista di armi antiche, pittore e restauratore.

▲ I cavalieri di Malta festeggiano la fine dell'assedio.

PUBBLICAZIONI STORIA

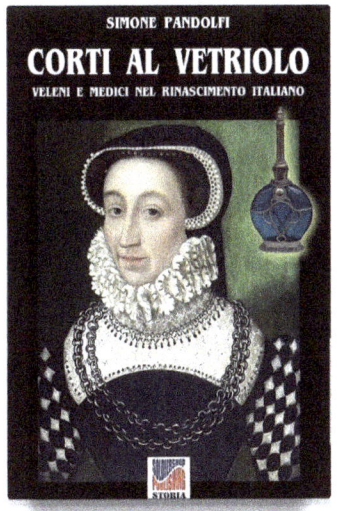